T0054712

BIOGRÁFICO
TESLA

BIOGRÁFICO TESLA

BRIAN CLEGG

La edición original de esta obra ha sido publicada en
Reino Unido en 2018 por Ammonite Press, sello editorial
de Guild Master Craftsman Publications Ltd, con el título

Biographic Tesla

Traducción del inglés
Gemma Fors

Diagonal, 402 - 08037 Barcelona
www.cincotintas.com

Diseño e ilustración: Matt Carr y Robin Shields

Primera edición: *marzo de 2020*

Impreso en España por Talleres Gráficos Soler
Depósito legal: B 3711-2020
Código Thema: DNBT

ISBN 978-84-16407-87-3

CONTENIDOS

ICONOGRAFÍA

CUANDO ES POSIBLE RECONOCER A UN CIENTÍFICO A TRAVÉS DE UN CONJUNTO DE ICONOS, DEBEMOS TAMBIÉN RECONOCER QUE DICHO CIENTÍFICO Y SUS TEORÍAS HAN ENTRADO A FORMAR PARTE DE NUESTRA CULTURA Y NUESTRA CONCIENCIA.

INTRODUCCIÓN

Pocos ingenieros o científicos han sido figuras tan controvertidas como Nikola Tesla. Nacido en la población croata de Smiljan (entonces parte del Imperio austríaco) en 1856, Tesla fue a la vez un genio y un personaje excéntrico. Sus habilidades como ingeniero eran incomparables, pero logró sus éxitos técnicos pese a una frecuente incapacidad para aceptar las teorías científicas.

Tesla abandonó sus estudios en la escuela politécnica austríaca de Graz sin graduarse. Después de pasar una temporada trabajando en Budapest, se trasladó a París, donde aceptó el empleo de ingeniero eléctrico en la Société Électrique Edison que acabaría cambiándole la vida. Dos años después, el director americano de la sede parisina fue enviado a los EE.UU. y se llevó a Tesla consigo.

«PRONTO, LA INTELIGENCIA —TRANSMITIDA SIN CABLES— LATIRÁ EN LA TIERRA COMO EL PULSO DE UN ORGANISMO VIVO.»

NIKOLA TESLA, ponencia en la Institution of Electrical Engineers, Londres, en febrero de 1892

Después de pasar seis meses con la Edison Illuminating Company en Nueva York, Tesla halló apoyos para fundar su propia empresa. Duró un año, pero durante aquel tiempo Tesla empezó a desarrollar las ideas que le harían famoso. El inventor americano Thomas Alva Edison empleaba electricidad de corriente continua (CC). El sistema competidor de corriente alterna (CA) era mucho mejor para la distribución, y era adecuado para la iluminación, pero no servía para motores eléctricos. Tesla diseñó el primer motor de CA práctico, lo cual hizo más atractivo este sistema.

La licencia para el diseño de Tesla fue adquirida por Westinghouse, la competencia de Edison. Aunque los avances eran lentos, Westinghouse pagó lo bastante a Tesla para que pudiera montar su propio laboratorio en 1889 y trabajar de forma independiente. En aquella época, a raíz de los experimentos del físico alemán Heinrich Hertz con ondas electromagnéticas, desarrolló su bobina. Esta era capaz de producir electricidad de alto voltaje y alta frecuencia, lo cual permitía el empleo de inducción eléctrica para las bombillas sin necesidad de conectarlas a la red eléctrica.

En 1891, Tesla obtuvo la nacionalidad estadounidense e inició su etapa más activa. A pesar del revés que supuso en 1895 el incendio de su laboratorio, protagonizó experimentos precoces con rayos X y construyó un barco en miniatura controlado por radio. Pero su objetivo era más ambicioso: transmitir electricidad sin cables. El gran diseño de Tesla iba a permitir además la comunicación a escala mundial. En aquel momento, Guglielmo Marconi desarrollaba la radio. Pero aunque afirmaría más adelante que Marconi le había robado ideas –y es cierto que Marconi infringió algunas patentes de Tesla–, Tesla descartó la radio, sin acabar de comprender la teoría del electromagnetismo y convencido de que la tecnología quedaba corta para resultar práctica.

En su lugar, Tesla imaginaba el envío de ondas eléctricas por la Tierra que regresarían por el aire para completar el circuito. En 1904, había construido una enorme torre de transmisión de 57 m en Wardenclyffe, Long Island, Nueva York. Este proyecto acabó con los recursos de Tesla y de sus inversores sin conseguir un resultado práctico. Persistió en su empeño hasta 1915, pero el proyecto naufragó, las hipotecas de Tesla fueron ejecutadas y la torre se vendió como chatarra.

Tesla continuó inventando cosas, como una turbina sin palas, pero su carrera perdió ímpetu. Durante años había vivido en hoteles de lujo y siguió haciéndolo hasta su muerte en 1943, cambiando ocasionalmente de ubicación a medida que acumulaba deudas. En sus últimos años, se acompañó de palomas que alimentaba y dejaba entrar en sus habitaciones.

No cabe duda de la excelencia de Tesla como ingeniero, gracias a la cual la unidad de medida del flujo magnético recibe su nombre, si bien muchas de sus aspiraciones rayaban en la fantasía. Sigue siendo, a día de hoy, un personaje fascinante.

«DE TODAS LAS FUERZAS DE ROZAMIENTO, LA QUE FRENA MÁS EL AVANCE HUMANO ES LA IGNORANCIA.»

NIKOLA TESLA,
The Century, 1900

NIKOLA TESLA

01

VIDA

«LOS CIENTÍFICOS DESDE FRANKLIN A MORSE PENSABAN CLARAMENTE Y NO PRODUCÍAN TEORÍAS ERRÓNEAS. LOS CIENTÍFICOS DE HOY PIENSAN PROFUNDAMENTE EN LUGAR DE HACERLO CON CLARIDAD. HAY QUE ESTAR CUERDO PARA PENSAR CON CLARIDAD, PERO SE PUEDE PENSAR PROFUNDAMENTE Y ESTAR BASTANTE LOCO.»

NIKOLA TESLA, *Modern Mechanics and Inventions*, 1934

NIKOLA TESLA

nació el 10 de julio de 1856 en Smiljan, parte del Imperio austríaco (actual Croacia)

Hijo de una familia serbia, Tesla y sus hermanos vivieron en la población interior de Smiljan con su madre Djuka y su padre Milutin, pastor ortodoxo del lugar. Tesla declararía que heredó parte de su capacidad práctica e impresionante memoria de su madre. Su hermano mayor, Dane, murió al caer de un caballo cuando Tesla contaba siete años. Tesla también tenía dos hermanas mayores, Milka y Angelina, y otra menor, Marica. Poco después de la muerte de Dane, por el traslado de Milutin a una nueva parroquia, la familia se mudó a Gospić, ciudad mucho mayor a solo 7 km.

Suele contarse que Tesla nació durante una tormenta que descargaba rayos en las inmediaciones del hogar familiar. Dada su historia posterior, se trata de una bonita imagen, pero nunca ha probado ser más que eso.

Smiljan

Gospić

CROACIA

Smiljan

También nació
en Smiljan:

FERDINAND KOVAČEVIĆ

(1838-1913)
ingeniero y pionero
del telégrafo

WASHINGTON D.C., EE.UU.

El demócrata James Buchanan es elegido presidente.

IOWA, EE.UU.

Primer puente ferroviario que cruza el río Misisipí.

LONDRES, INGLATERRA

La reina Victoria instaura la Cruz Victoria como condecoración para actos de valor.

LONDRES, INGLATERRA

Abre la Galería Nacional de Retratos.

LONDRES, INGLATERRA

William H. Perkin inicia la producción de malveína, el primer tinte sintético, que marca el principio de la industria química.

FLORENCIA, ITALIA

Giovanni Caselli produce un prototipo de pantelégrafo, el primer formato de fax.

EL MUNDO EN 1856

La familia Tesla se había trasladado al Imperio austríaco en la década de 1690, durante la Gran Guerra Turca –una serie de conflictos entre el Imperio otomano por un lado, y el Imperio Habsburgo, Polonia-Lituania, Venecia y Rusia por el otro. Aunque de ascendencia serbia, Tesla y su familia estaban ahora arraigados en lo que es la actual Croacia, en la frontera suroeste del Imperio austríaco. No obstante, mantenían su cultura –por ejemplo, acudiendo a iglesias serbias ortodoxas en lugar de las católicas austríacas–. Bajo ley austríaca, la región era frontera militar, de modo que Tesla fue alistado de pequeño en el Primer Regimiento Lika para entrar en el servicio activo a la edad de quince años.

JUL AGO SEP OCT NOV DIC

PARÍS, FRANCIA

Se firma el Tratado de París, que marca el fin de la Guerra de Crimea.

VALLE NEANDER, ALEMANIA

Se excavan los primeros fósiles identificados como *Homo neanderthalis*.

NEPAL

Se determina que el Pico XV (más tarde llamado monte Everest) es la cima más alta del mundo, con 8.840 m.

CHINA

Empieza la Segunda Guerra del Opio contra los países occidentales.

PARÍS, FRANCIA

La Declaración de París acaba con la piratería en alta mar.

HERAT, AFGANISTÁN

El intento de Persia de tomar la ciudad de Herat provoca la guerra anglo-persa.

CHRISTCHURCH, NUEVA ZELANDA

Christchurch se convierte en ciudad.

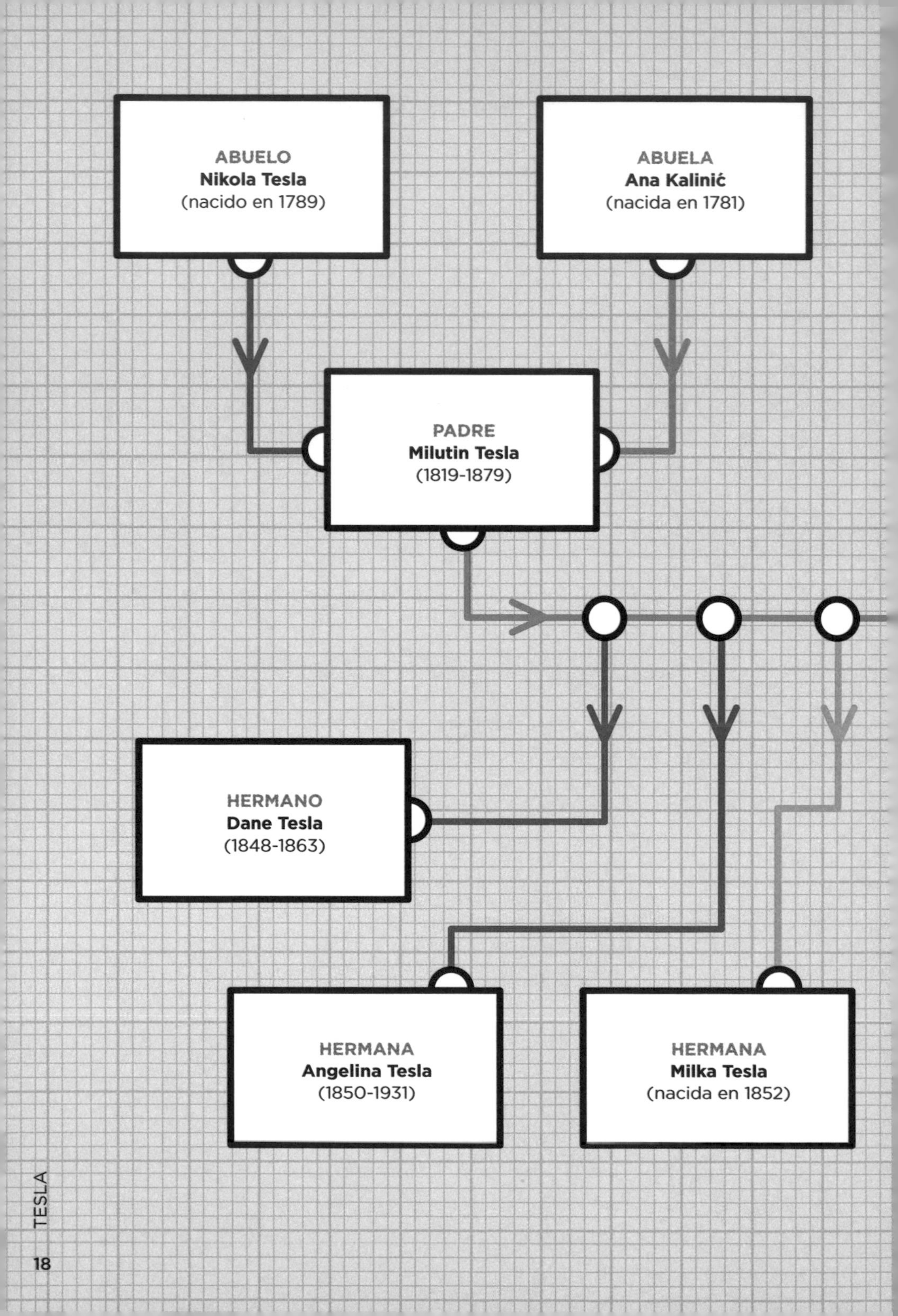
ABUELO
Nikola Tesla
(nacido en 1789)
ABUELA
Ana Kalinić
(nacida en 1781)
PADRE
Milutin Tesla
(1819-1879)
HERMANO
Dane Tesla
(1848-1863)
HERMANA
Angelina Tesla
(1850-1931)
HERMANA
Milka Tesla
(nacida en 1852)

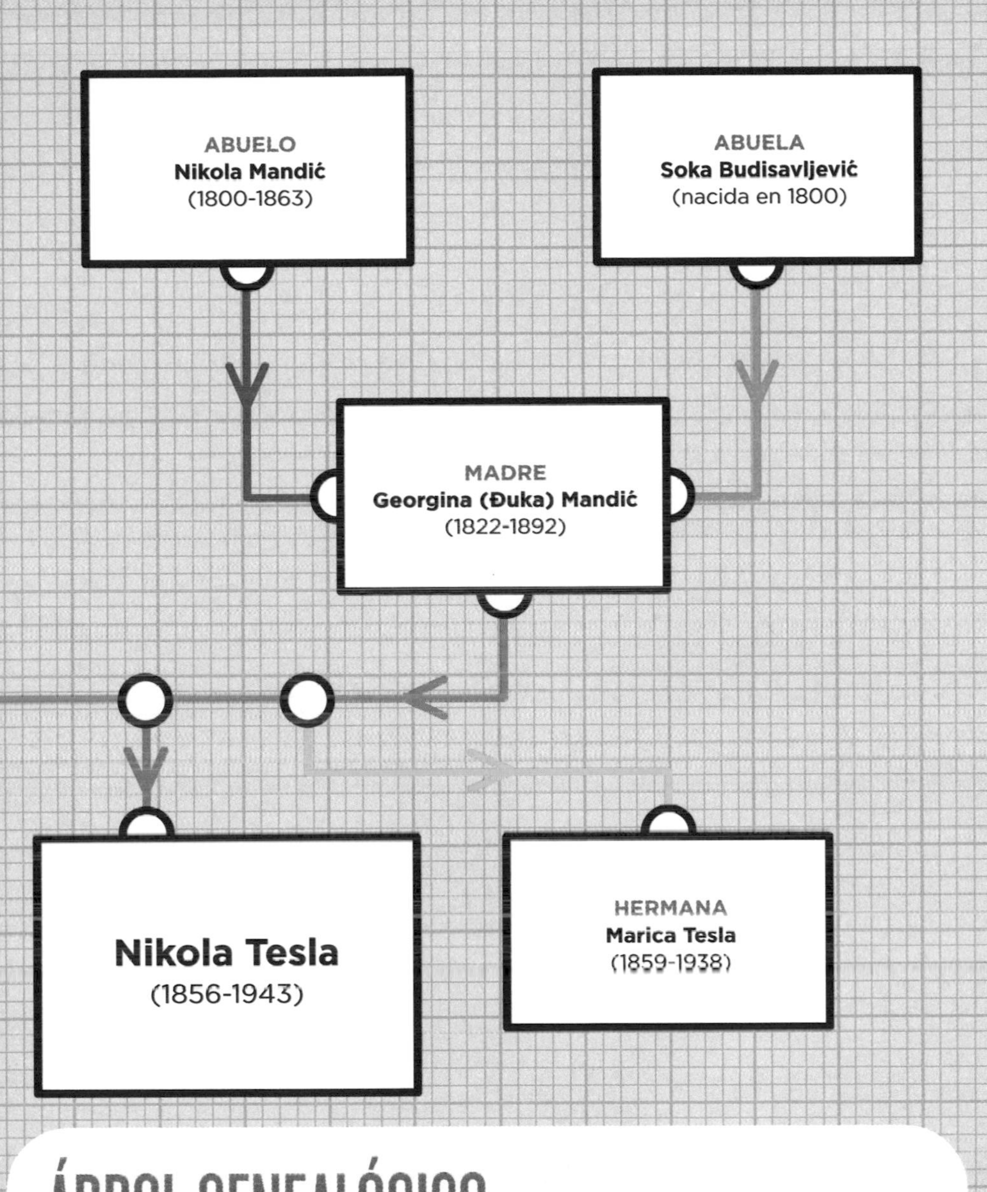

ÁRBOL GENEALÓGICO

El apellido Tesla se refiere a un hacha con una hoja en ángulo recto respecto al mango, una palabra que se utilizaba también para referirse a personas con dientes salidos; este podría ser el motivo por el cual la familia lo adoptara. El abuelo de Tesla, Nikola, había sido soldado y se esperaba que sus hijos Milutin y Josif fueran oficiales. Sin embargo, Milutin abandonó la carrera militar para entrar en el seminario. Se casó con Đuka Mandić, hija de un pastor de Gračac, y tras un primer destino en Senj, se estableció en Smiljan en 1852. Tesla nació cuatro años después.

PRIMEROS AÑOS

Tesla pasó una infancia feliz y parecía tener una relación especialmente buena con su madre. La describiría como una gran inventora y una persona de excelente pericia con las manos. No obstante, de pequeño presentó algunos problemas mentales, y explicaba que al escuchar el nombre de un objeto lo veía tan claramente que no distinguía lo imaginado de lo real. El hecho de haber sido testigo de la muerte de su hermano con solo siete años de edad no le ayudó. Le desagradaba la nueva casa de Gospič y cuando encontraba refugio en los libros, su padre intentaba impedir que leyera. Pero el colegio y los estudios técnicos avivarían su imaginación.

1856

Nikola Tesla nace a medianoche entre el 9 y el 10 de julio en la casa familiar de Smiljan.

1863

Tesla es testigo del fallecimiento de su hermano mayor, Dane, en un accidente ecuestre.

1863

La familia Tesla se traslada a la ciudad de Gospić, donde Nikola cursa la educación primaria.

1870

Tras recuperarse de una grave enfermedad, Tesla acude al instituto en Karlovac, a 150 km de casa. Vive con su tío y su tía.

1874

Los padres de Tesla le esconden en las montañas para evitar que le reclute el ejército austrohúngaro.

1875

Tesla ingresa en la Escuela Politécnica Joanneum de Graz. Recibe una beca a condición de realizar ocho años de servicio militar al graduarse.

1877

Inspirado en los dispositivos eléctricos, Tesla se pasa a la ingeniería, pero su asistencia a clase disminuye cuando empieza a salir y meterse en el juego.

1878

Tesla deja la universidad y se traslada a Maribor, donde trabaja como delineante de ingeniería.

1879

Fallece su padre, Milutin.

MILUTIN
TESLA
1819–1879

1880

Tesla se traslada a Praga con la esperanza de iniciar un grado universitario.

1881

Falto de dinero, se marcha a Budapest, donde encuentra trabajo como ingeniero.

1882

Tesla se traslada a París y trabaja en la empresa Edison.

CONDUCTA INUSUAL

Las experiencias de visiones y frecuentes enfermedades de Tesla derivaron en problemas comportamentales complejos. Empezaron poco después de la muerte de su hermano y se intensificaron con la edad. Algunos presentaban un origen lógico. Explicaba que una vez un científico le había enseñado en el microscopio los organismos que se encuentran en el agua de boca sin tratar de Croacia. Escribió: «Si se observan unos minutos estas horribles criaturas, más vellosas y feas de lo que se pueda imaginar, despedazándose unas a otras de modo que vierten sus fluidos en el agua, no se vuelve a beber una sola de gota de agua que no se haya hervido o esterilizado». Otras manías, como su aversión a las perlas, eran inexplicables.

Violenta repulsión hacia las perlas y los pendientes en las mujeres.

Todas las acciones repetibles debían realizarse un número de veces divisible por tres.

Fobia al agua sin esterilizar.

3

4

3

Si una mosca se paraba en la mesa, había que volver a ponerla y sacar comida nueva.

2

Contaba los pasos de sus caminatas.

1

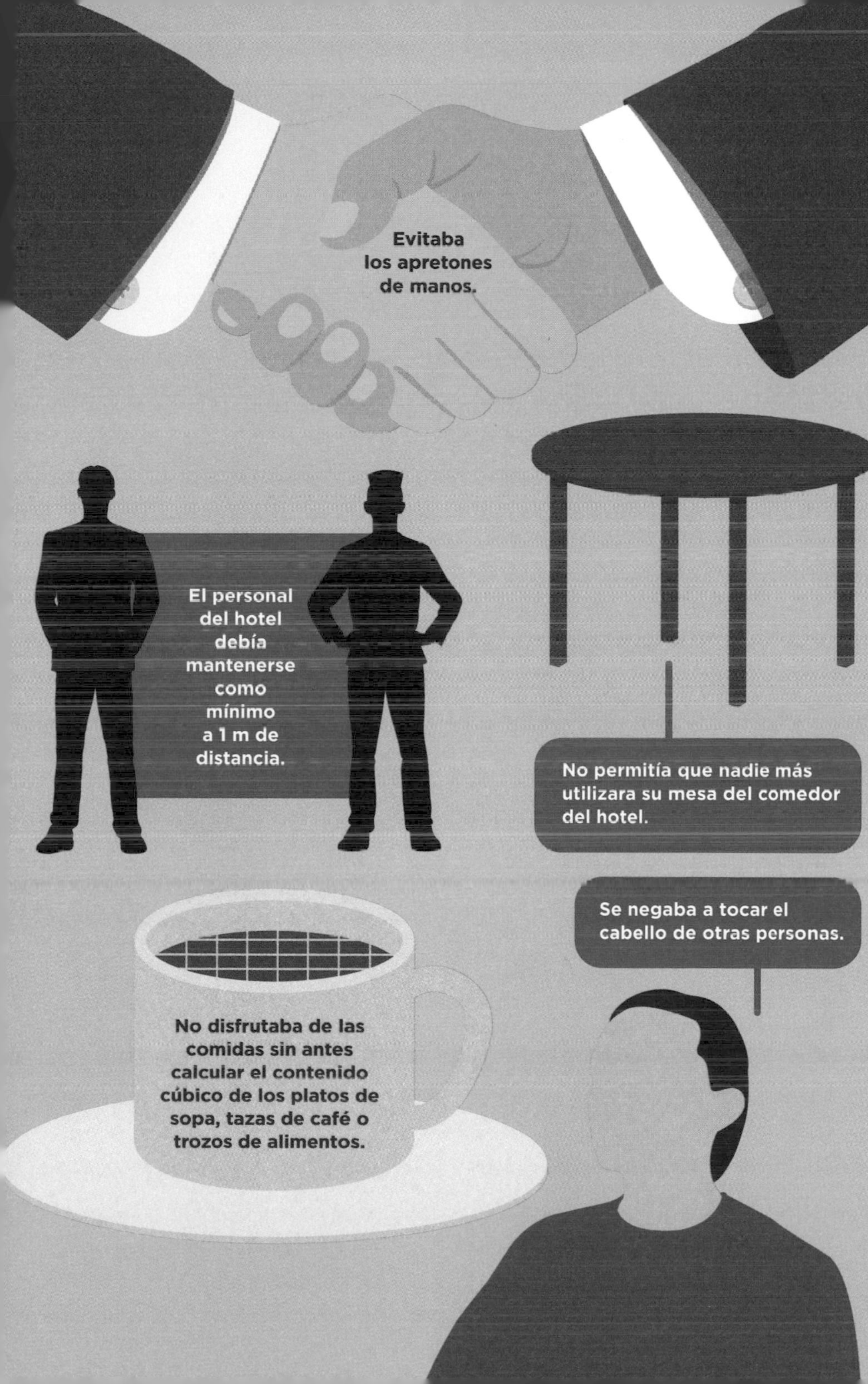

Evitaba
los apretones
de manos.

El personal
del hotel
debía
mantenerse
como
mínimo
a 1 m de
distancia.

No permitía que nadie más
utilizara su mesa del comedor
del hotel.

Se negaba a tocar el
cabello de otras personas.

No disfrutaba de las
comidas sin antes
calcular el contenido
cúbico de los platos de
sopa, tazas de café o
trozos de alimentos.

EDAD ADULTA

El traslado de Tesla a París para trabajar en la compañía Edison representaría el primer paso hacia una extraordinaria nueva vida en los EE.UU. Tras un breve lapso en la empresa Edison de Nueva York, Tesla empezó a trabajar de forma autónoma y, aunque se asociaría con diversas compañías y financieros, nunca más iba a ser un mero empleado. En los EE.UU. pareció desarrollar una segunda personalidad. Mientras seguía siendo el ingeniero reservado y enormemente inventivo, Tesla comenzó a encontrar gusto en su papel de *showman*, presentando sus dispositivos eléctricos, máxime los de alto voltaje, preferiblemente utilizando como elemento conductor su propio cuerpo.

1884

Emigra a EE.UU. para trabajar en las oficinas Edison de Nueva York.

1885

Funda la empresa Tesla Electric Light and Manufacturing con Robert Lane y Benjamin Vail. La compañía se hunde en un año.

1887

Desarrolla la que podría definirse como su mayor invención, un motor de inducción de corriente alterna (CA) basado en un campo magnético rotatorio.

1890

Desarrolla la bobina de Tesla, que produce corriente alterna de alta frecuencia y alto voltaje.

1891

Se convierte en ciudadano de los EE.UU.

1893

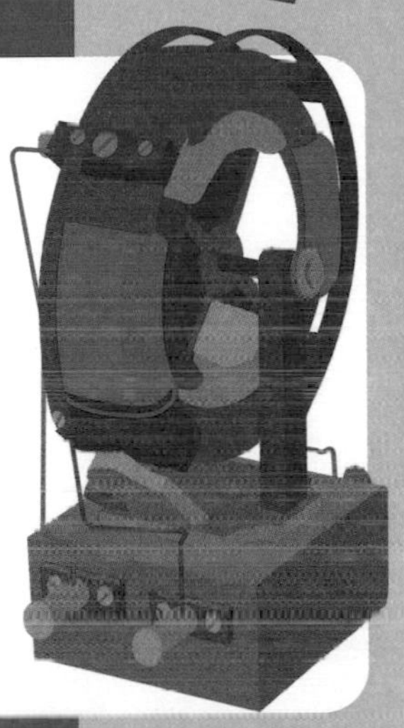

Asesora a la Empresa Constructora de las Cataratas del Niágara sobre el uso de corriente alterna (CA) de dos fases.

1895

Un incendio destruye el laboratorio de Tesla en la Quinta Avenida Sur.

1898

Demostración de un barquito radiocontrolado.

1899

Establece la primera estación experimental de transmisión de energía en Colorado Springs.

1902

Se traslada a la nueva base de producción de energía de Wardenclyffe, Long Island.

1915

Al quedarse sin fondos y sin pruebas de una tecnología que funcionara, se clausura Wardenclyffe.

1943

Fallece en el hotel The New Yorker de un ataque al corazón.

AMOR POR LAS PALOMAS

Tesla tenía relativamente pocos amigos, aunque algunos, como la pareja americana Robert y Katharine Johnson, eran íntimos. La sexualidad de Tesla ha generado considerable debate. Se dice que se enamoró por primera y única vez, en Smiljan, de una chica llamada Anna. Más adelante afirmaría que los inventores no tenían tiempo para el amor. Existen motivos para creer que era homosexual. Sentía una clara atracción hacia algunos hombres y, si bien podría haberse tratado de algo platónico, se hablaba de su escandaloso comportamiento en el Instituto Americano de Ingenieros Eléctricos. Pero una cosa sí se sabe con certeza: le encantaban las palomas.

Las palomas tienen 10.000 plumas

NIKOLA TESLA, entrevista con *New York World*, 1926

«A VECES PIENSO QUE NO CASÁNDOME HICE UN SACRIFICIO DEMASIADO GRANDE EN FAVOR DE MI TRABAJO, POR LO QUE HE DECIDIDO PRODIGAR TODO EL AFECTO DE UN HOMBRE QUE HA DEJADO ATRÁS SU JUVENTUD A LA TRIBU PLUMÍFERA... CUIDAR DE PÁJAROS SIN HOGAR, HAMBRIENTOS O ENFERMOS ES EL PLACER DE MI VIDA.»

Las palomas son capaces de distinguir la luz ultravioleta.

RUTINA DIARIA

Tesla paseaba diariamente para alimentar a las palomas, les daba comida desde la ventana del hotel y cuidaba a las que estaban heridas o enfermas en su habitación.

MEDALLA EDISON

Cuando Tesla iba a recibir la Medalla Edison en 1917, desapareció y le encontraron dando de comer a las palomas en Bryant Park.

QUEJAS

Tesla recibía quejas con frecuencia de los hoteles donde se alojaba porque tenía palomas en la habitación.

300 especies distintas de palomas.

2.000 $ Cantidad que Tesla decía haber gastado para curar a una paloma con un ala y una pata rotas. Incluso ideó un aparato para que se apoyara.

DINERO, DINERO, DINERO

Ingresos de Tesla

Inversiones en Tesla

Deudas de Tesla

450.000 $
425.000 $
400.000 $
375.000 $
350.000 $
325.000 $
300.000 $
275.000 $
250.000 $
225.000 $
200.000 $
175.000 $
150.000 $
125.000 $
100.000 $
75.000 $
50.000 $
25.000 $

3.000 $
1887
Salario de Tesla.

88.000 $
1888
Contrato con Westinghouse de 10 años para patentes de motores eléctricos.

47.000 $
1891
Cantidad recibida antes de romper el contrato.

100.000 $
1895
De Edward Dean Adams para crear la Nikola Tesla Company.

216.600 $
1897
Suma pagada por Westinghouse por las patentes de Tesla.

En su juventud, Tesla vivió dificultades económicas, pero cuando llegó a los EE.UU. su relación con las finanzas se convirtió en algo problemático. Tuvo un breve período de riqueza cuando empezó a ganar dinero con sus patentes de motores de CA y entonces se trasladó de su apartamento a un hotel elegante, y viviría en hoteles el resto de su vida. En su última etapa, lo conseguiría simplemente ignorando las facturas hoteleras y trasladándose a un nuevo hotel cuando las quejas se le hacían pesadas. Cabe destacar que, quizás debido a su perfil como personaje público, nunca le denunciaron por ello. Al mismo tiempo, trataba con financieros como J. P. Morgan, con quienes firmaba contratos de cientos de miles de dólares.

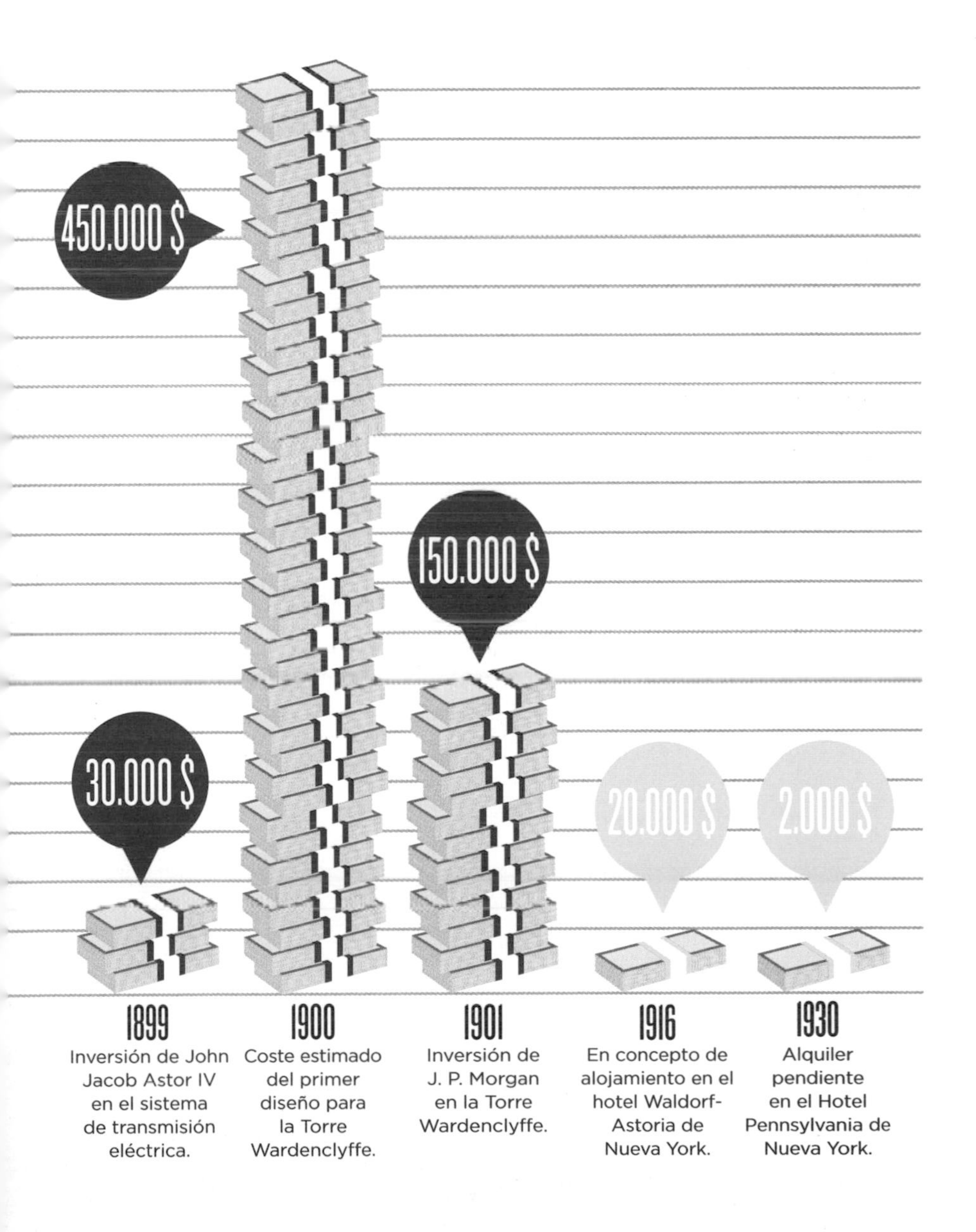

MUERTE DE TESLA

En 1937, Tesla fue atropellado por un taxi en una calle de Nueva York y, pese a quedar mal herido, rechazó tratamiento hospitalario alguno. Nunca se recuperó del todo del accidente. Entre 1940 y 1942 restringió más su ya habitualmente limitada dieta y la redujo a verduras hervidas y leche caliente. En 1942, la salud de Tesla empeoraba y parecía sufrir un inicio de demencia: una vez envió a un mensajero a entregar 100 dólares a Mark Twain, fallecido hacía más de 30 años. Murió mientras dormía en el hotel The New Yorker, tras pasar los dos últimos días de su vida solo en su habitación. Más de 2.000 dolientes acudieron a su funeral, el día 12 de enero, en la catedral de San Juan el Divino de Nueva York.

FECHA

7 DE ENERO DE 1943

EDAD

86

CAUSA DE LA MUERTE

TROMBOSIS CORONARIA O ATAQUE AL CORAZÓN

LA CAJA DE TESLA

Tesla dejó una caja en el hotel Governor Clinton, como garantía de los 400 dólares que les debía. Afirmaba que contenía un haz mortal que se activaría si la abría una persona no autorizada. El científico John Trump, tío de Donald Trump, abrió con cuidado la caja y descubrió que solo guardaba un puente de Wheatstone: un sencillo componente eléctrico.

«EL PRESIDENTE Y YO SENTIMOS PROFUNDAMENTE LA MUERTE DEL SR. NIKOLA TESLA. AGRADECEMOS SU CONTRIBUCIÓN A LA CIENCIA Y LA INDUSTRIA Y AL PAÍS.»

Eleanor Roosevelt, 1943

Las cenizas de Tesla se transportaron a Belgrado, Serbia, donde se conservan en el Museo Nikola Tesla en una urna esférica chapada en oro.

NIKOLA TESLA

«SI EDISON TUVIERA QUE BUSCAR UNA AGUJA EN UN PAJAR, PROCEDERÍA ENSEGUIDA CON LA DILIGENCIA DE UNA ABEJA PARA EXAMINAR CADA BRIZNA DE PAJA HASTA DAR CON EL OBJETO DE SU BÚSQUEDA... FUI AMARGO TESTIGO DE TAL PROCEDER, A SABIENDAS DE QUE UN POCO DE TEORÍA Y CÁLCULO LE HABRÍAN AHORRADO EL 90 POR CIENTO DEL TRABAJO.»

NIKOLA TESLA, *The New York Times*, 1931

INICIOS DE LA ELECTRICIDAD

Con la invención del científico inglés Michael Faraday del generador eléctrico la electricidad pasó de ser un truco teatral espectacular con pocas aplicaciones a algo previsiblemente útil a industrias y hogares. Pero para que fuera posible, la energía debía ser generada y distribuida. En un principio, multitud de empresas idearon sus propios sistemas –a menudo varios sistemas coexistían en la misma ciudad–. El primer uso doméstico de la electricidad fue la iluminación. Cuando el inventor y físico inglés Joseph Swan desarrolló una práctica bombilla, seguido por Thomas Edison desde EE.UU., los beneficios de la luz eléctrica sobre la luz de gas quedaron claros. Pero el despliegue a gran escala del sistema solo sería factible con el surgimiento de estándares.

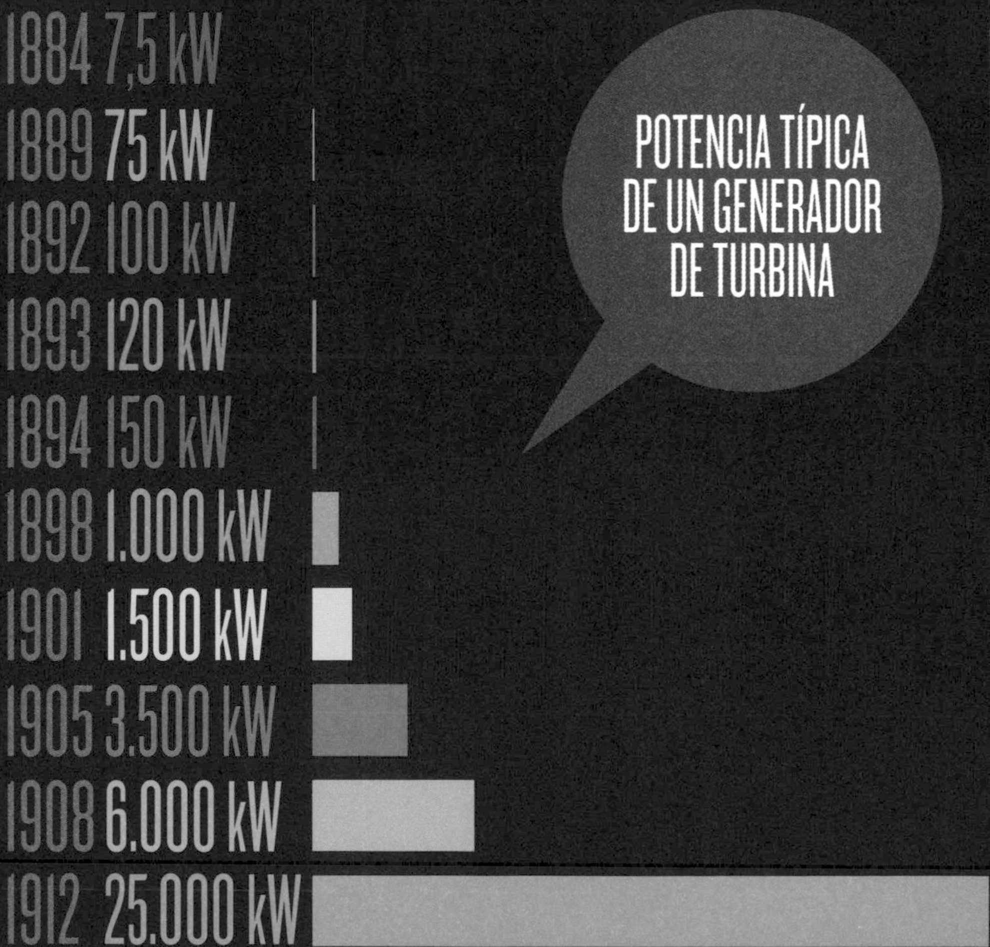

POTENCIA TÍPICA DE UN GENERADOR DE TURBINA

1884 7,5 kW

1889 75 kW

1892 100 kW

1893 120 kW

1894 150 kW

1898 1.000 kW

1901 1.500 kW

1905 3.500 kW

1908 6.000 kW

1912 25.000 kW

1907 ESTADÍSTICAS DE SUMINISTRO ELÉCTRICO

Proveedores municipales

Proveedores privados

G.B.

EE.UU.

233

156

3.426

1.252

El 75 % de los proveedores británicos contaban con menos de 1.000 clientes.

2 proveedores británicos tenían 10.000 clientes o más.

26 proveedores británicos tenían menos de 100 clientes.

33 proveedores en Londres.

TRABAJAR PARA EDISON

Aunque Tesla no trabajó para Edison mucho tiempo –entró en la rama francesa de la empresa en 1882 y pasó a la norteamericana a principios de 1885–, no cabe duda de que Edison y su capacidad de convertir proezas inventivas en éxitos comerciales tuvo una gran influencia en Tesla. Pese a que Tesla poseyera una mejor formación y ridiculizara el enfoque de Edison de «1 por ciento inspiración, 99 por ciento transpiración», nunca tendría la habilidad de Edison para capitalizar sus inventos.

INVENTOS DE EDISON

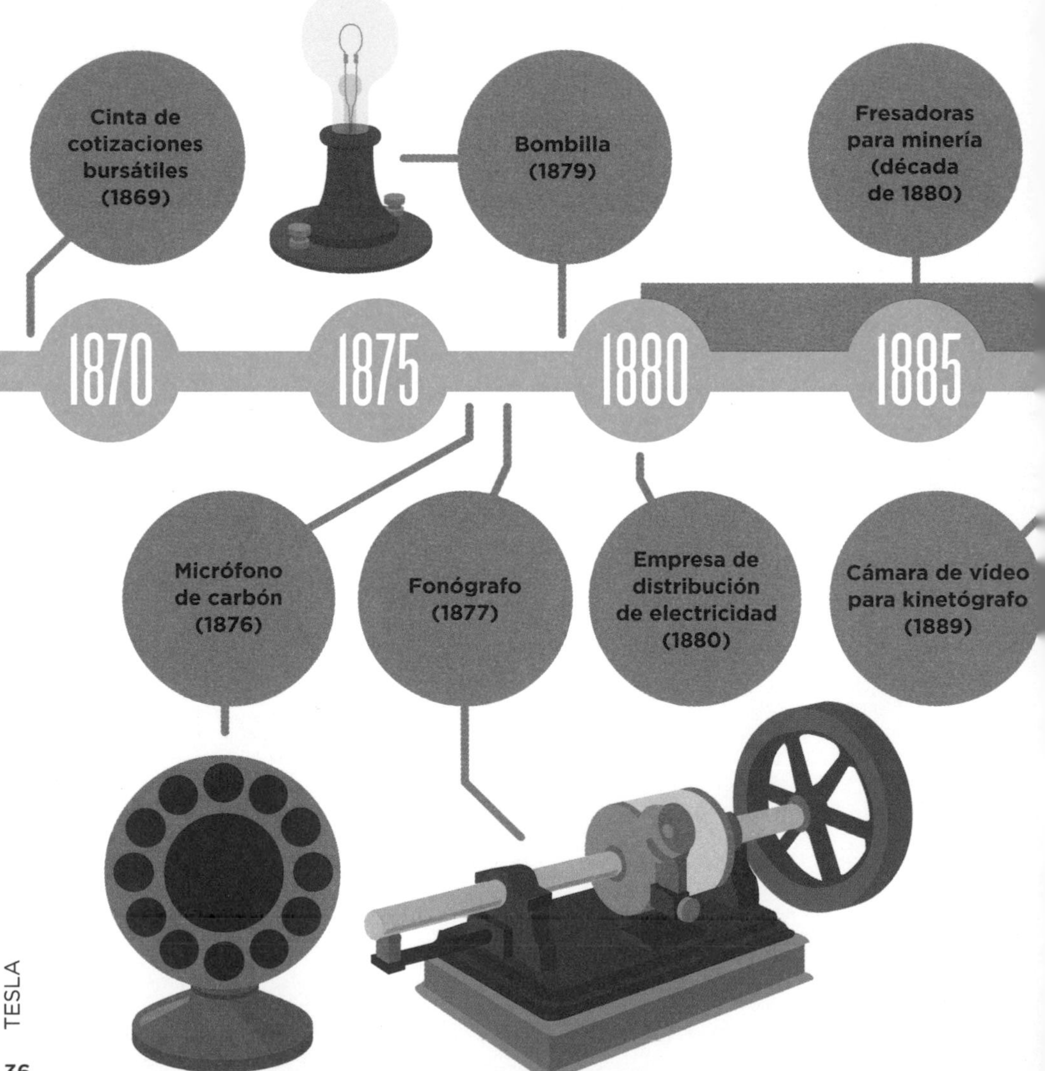

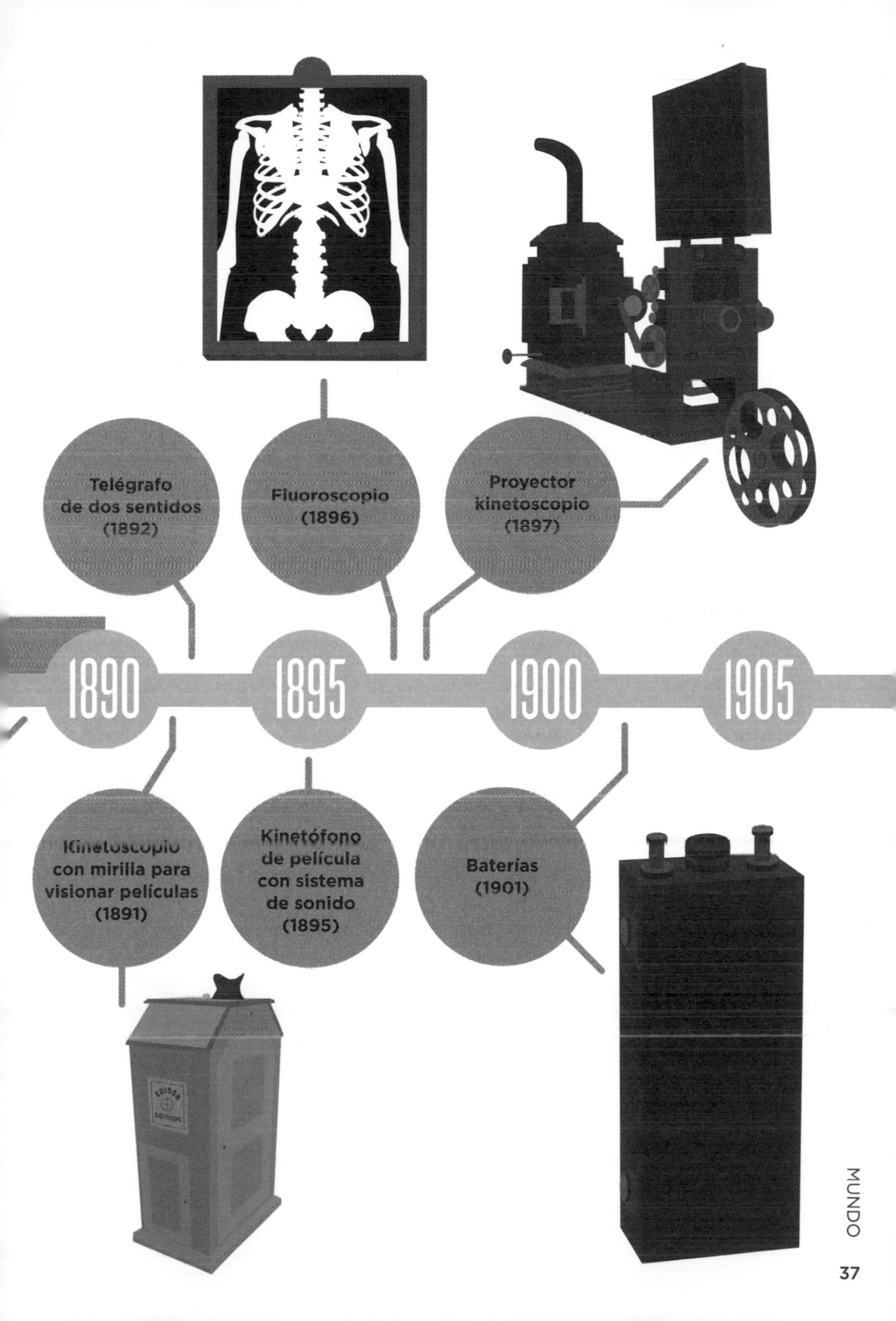
Telégrafo
de dos sentidos
(1892)
Fluoroscopio
(1896)
Proyector
kinetoscopio
(1897)
1890
1895
1900
1905
Kinetoscopio
con mirilla para
visionar películas
(1891)
Kinetófono
de película
con sistema
de sonido
(1895)
Baterías
(1901)
EDISON
KINETOSCOPE

TESLA EN NUEVA YORK

Tesla vivió en Nueva York de 1884 hasta su muerte en 1943. Durante aquel tiempo, la ciudad sufrió una transformación digna del ingenio inventivo de Tesla. Su población se multiplicó. En un principio, habituado al estilo de vida cosmopolita europeo, Nueva York le pareció una ciudad hostil. Escribió: «Lo que dejé era bello, artístico y fascinante en todos los aspectos; lo que vi aquí era mecánico, duro y desangelado... "¿Esto es América?", me pregunté sorprendido. "Está un siglo por detrás de la civilización europea"». No obstante, con el tiempo llegó a encantarle la energía y la actitud del «todo es posible» de Nueva York.

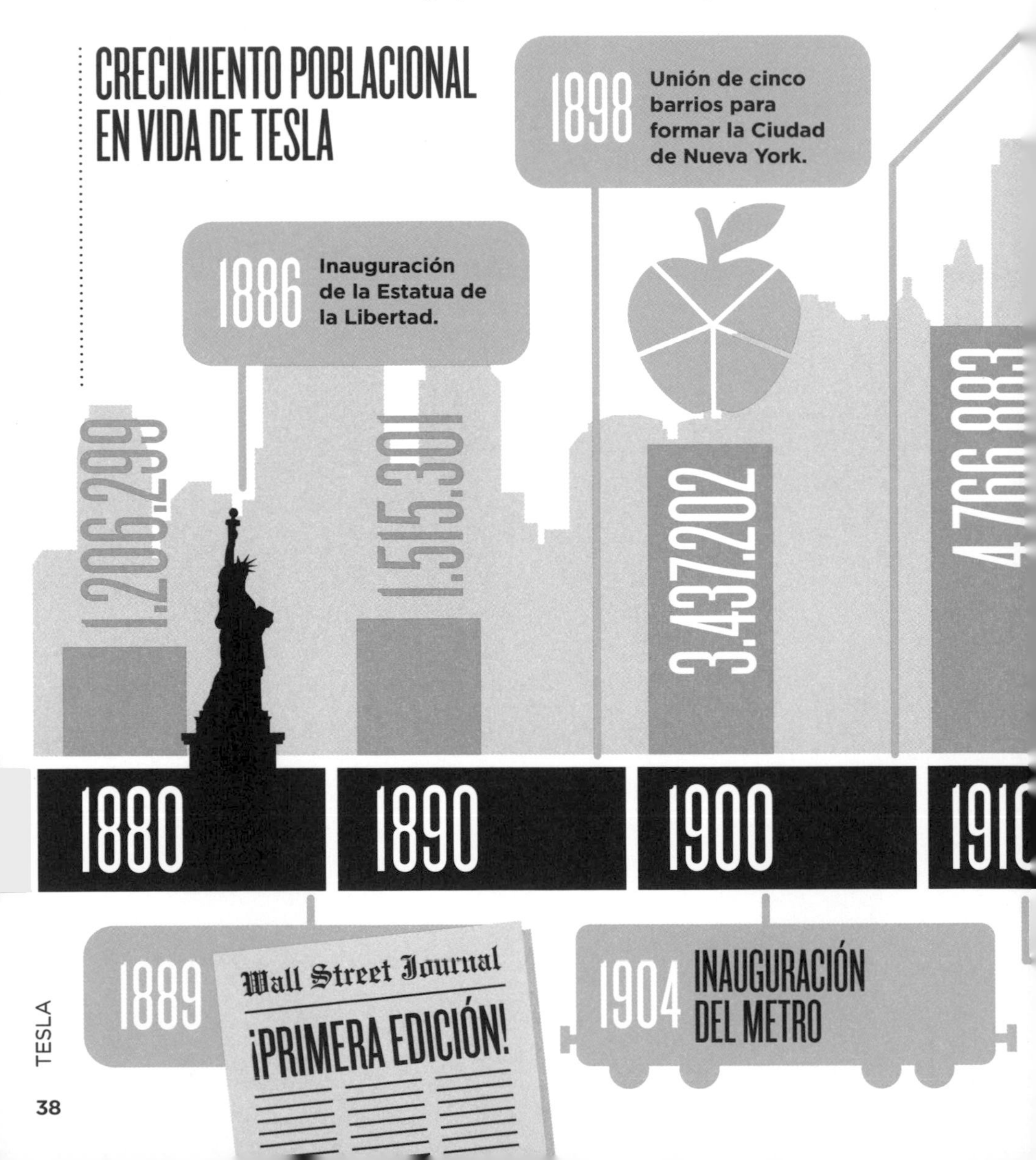

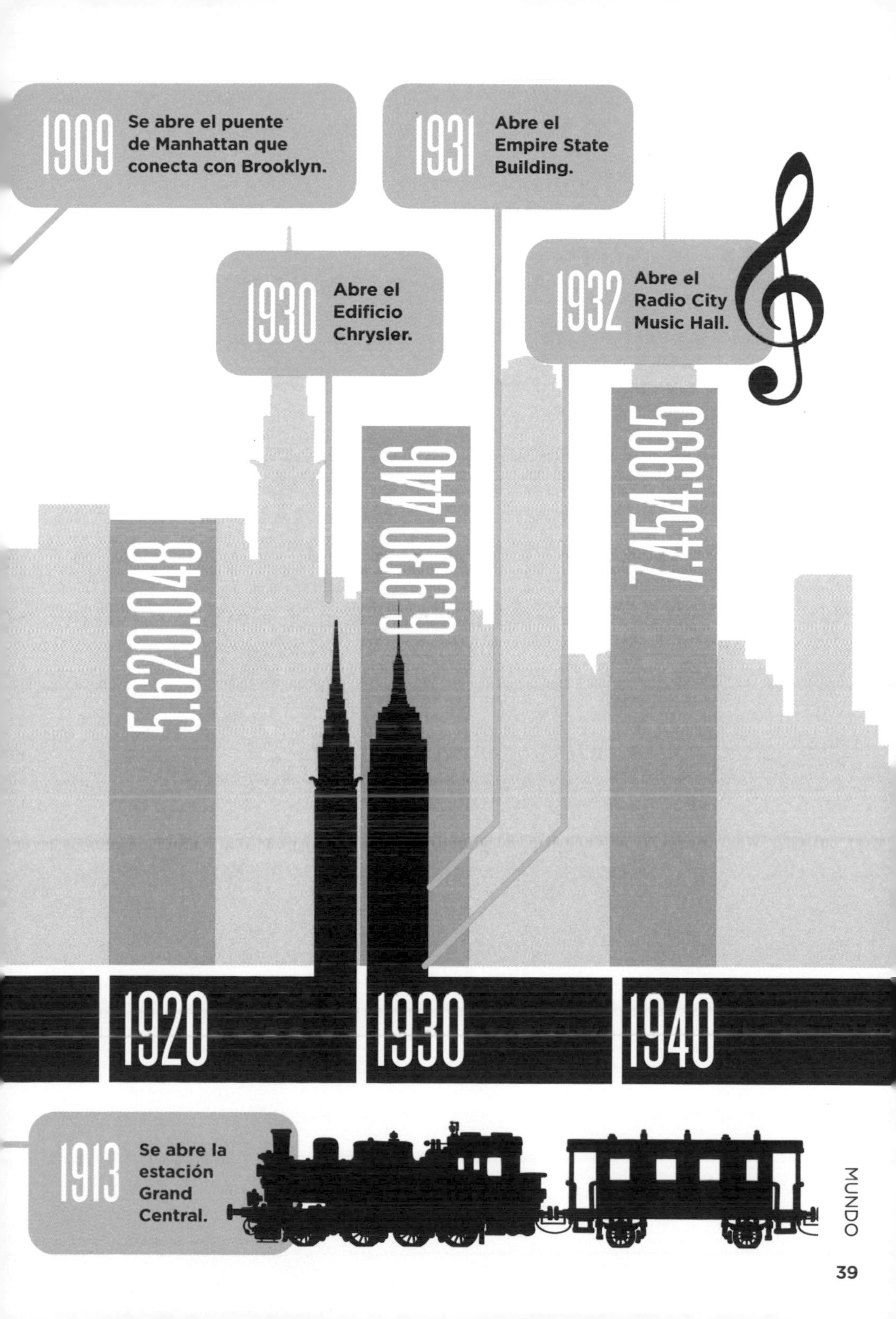
1909
Se abre el puente de Manhattan que conecta con Brooklyn.
1931
Abre el Empire State Building.
1930
Abre el Edificio Chrysler.
1932
Abre el Radio City Music Hall.
5.620.048
6.930.446
7.454.995
1920
1930
1940
1913
Se abre la estación Grand Central.

QUE SE HAGA LA LUZ

En 1893, la Exposición Universal, que conmemoraba el 400 aniversario de la llegada de Cristóbal Colón a América, tuvo lugar en Chicago, EE.UU. El acontecimiento, destinado a presentar los logros de las naciones de todo el mundo, ocupaba más de 2,5 millones de metros cuadrados y lo visitaron más de 27 millones de personas en los seis meses que duró. La escala y grandiosidad del evento excedía con creces las exposiciones celebradas con anterioridad y se convirtió en un símbolo del progreso americano.

Uno de los 14 «grandes pabellones» (cada uno dedicado a un ámbito concreto) era el Pabellón de la Electricidad, donde se mostraban los avances eléctricos. Para suministrar energía al edificio e iluminación para la exposición, Edison General Electric ofreció corriente continua por un precio de 1,8 millones de dólares. Tesla, a través de Westinghouse Electric, presentó una contraoferta para suministrar un sistema de corriente alterna a una tercera parte del coste. Consciente de la trascendencia de la exposición, Edison propuso reducir sus costes a 554.000 dólares, pero Westinghouse de nuevo los rebajó hasta 399.000 dólares. Fue un momento histórico para Tesla y Westinghouse.

«LA EXPOSICIÓN CONSUMIÓ TRES VECES MÁS ELECTRICIDAD QUE LA CIUDAD DE CHICAGO. SE MOSTRARON HITOS IMPORTANTES DE INGENIERÍA, PERO LO QUE ENCANTÓ A LOS VISITANTES FUE LA BELLEZA DE TANTAS LUCES ENCENDIDAS. CADA EDIFICIO, DEDICADO A LA INDUSTRIA O A LAS ARTES, LUCÍA ENMARCADO CON BOMBILLAS BLANCAS.»

ERIK LARSON, ***The Devil in the White City*****, 2003**

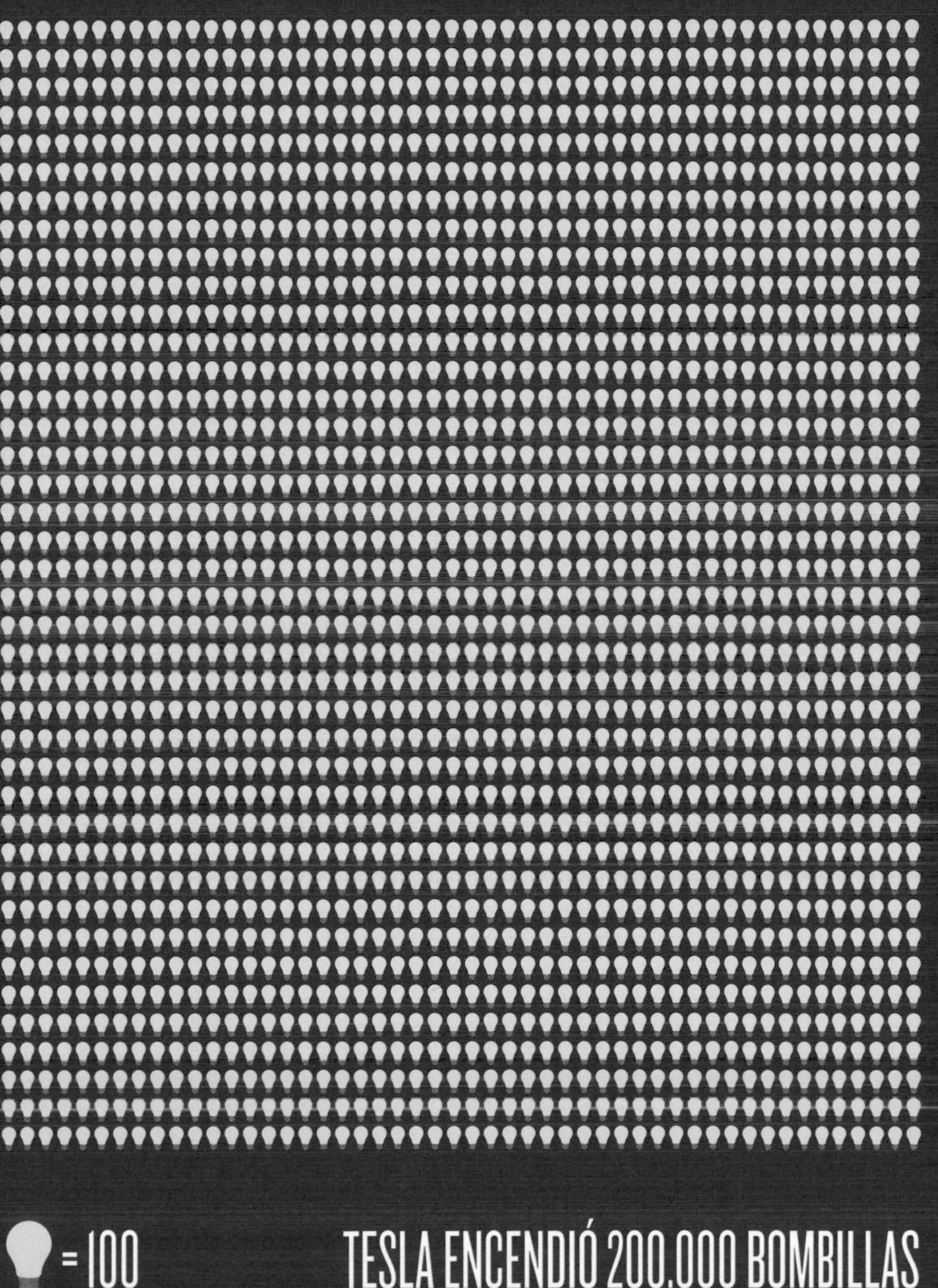
= 100
TESLA ENCENDIÓ 200.000 BOMBILLAS

CRONOLOGÍA DEL MOTOR DE TESLA

La gran mayoría de inventos de Tesla eran eléctricos –la electricidad y sus usos atraían tanto al ingeniero como al *showman* que llevaba dentro–. Mientras que los diseños de motores eléctricos de Tesla eran sofisticadas hazañas de ingeniería, sus demostraciones públicas y privadas eran alardes extravagantes: lanzaba rayos artificiales en la sala, encendía lámparas sin cableado o hacía conducir la corriente a través de su cuerpo. Esta mezcla de espectáculo y ciencia muestra a Tesla en el punto de transición entre la electricidad concebida como puro entretenimiento y como futura principal forma de energía mundial.

1831

Faraday descubre la inducción electromagnética y construye el primer generador eléctrico.

1844

El artista e inventor americano Samuel Morse (*derecha*) presenta el telégrafo eléctrico.

1850

El ingeniero belga Floris Nollet inventa el primer generador de corriente alterna.

1864

El físico escocés James Clerk Maxwell presenta sus ecuaciones sobre electromagnetismo ante la Royal Society de Londres.

1878

El físico e inventor inglés Joseph Swan fabrica una bombilla eléctrica práctica (*izquierda*).

600 a.C.

El filósofo Tales de la Grecia Antigua percibe la electricidad estática de materiales como el ámbar.

1600

El filósofo natural inglés William Gilbert usa los términos *electrical* y *electrica* por primera vez. Son derivados del latín *electricus*, que significa «similar al ámbar».

1720

El filósofo natural inglés Stephen Gray descubre el flujo de la electricidad, los conductores y los aislantes.

1800

El científico italiano Alessandro Volta inventa la célula eléctrica.

1820

El científico danés Hans Christian Ørsted (*izquierda*) descubre la relación entre electricidad y magnetismo.

1821

El científico inglés Michael Faraday fabrica un motor eléctrico sencillo.

1827

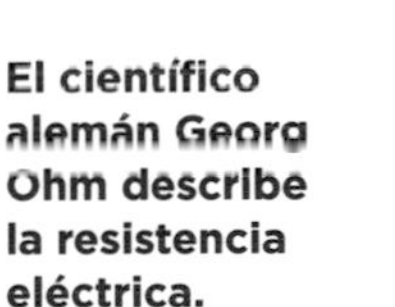

El científico alemán Georg Ohm describe la resistencia eléctrica.

Tesla solicita una patente para su motor de corriente alterna (*derecha*).

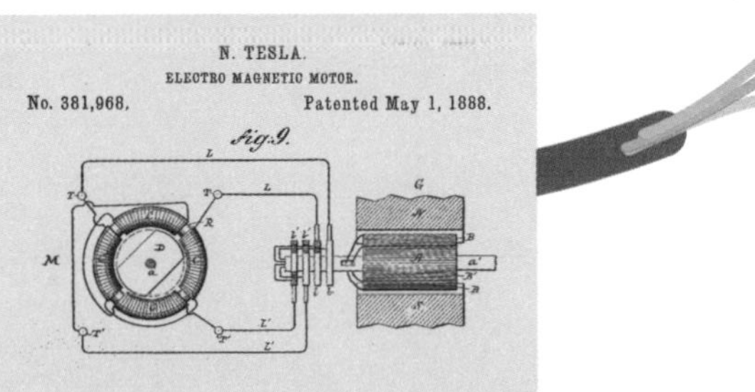
N. TESLA.
ELECTRO MAGNETIC MOTOR.
No. 381,968. Patented May 1, 1888.
Fig. 9.

LENTES DE RAYOS X

En 1894, Tesla detectó que unas placas fotográficas se habían estropeado aun sin haber sido expuestas a la luz. Dichas placas se habían dejado cerca de unos tubos de Geissler y Crookes (tubos de cristal por los que se pasaba alto voltaje casi al vacío). Tesla no investigó más, pero en 1896 se enteró del descubrimiento de los rayos X por parte de Wilhelm Röntgen. Al parecer, sin darse cuenta, Tesla los había observado, como antes otros científicos. Las bobinas de Tesla (véase la página 58) eran ideales para producir el alto voltaje necesario para generar rayos X potentes, y Tesla enseguida fue capaz de obtener imágenes de calidad con rayos X, pero decidió no entrar en aquel campo porque la producción de tubos de vacío era demasiado especializada.

56
Ba
137,327

BARIO

Se utiliza para hacer visible el intestino con rayos X.

DESCUBRIMIENTO DEL ADN

Los rayos X se emplearon para descifrar la estructura del ADN.

ARTE

Los rayos X se han usado para revelar los secretos de lo que se encuentra bajo la capa superficial de pinturas de artistas como Van Gogh o Leonardo da Vinci.

RAYOS X ESPACIALES

El material que cae en los agujeros negros emite rayos X.

PRIMEROS SUCESOS CON RAYOS X

1785 William Morgan percibe su efecto (aunque no la causa) en Londres, Inglaterra.

1886 Iván Pulyui en Praga observa el oscurecimiento de placas fotográficas selladas por las emanaciones de tubos con gases.

1895 En Múnich, Alemania, Wilhelm Röntgen radiografía su mano accidentalmente al mover una muestra.

1895 Esta vez a propósito, Wilhelm Röntgen radiografía la mano de su esposa, que llevaba un anillo.

1896 John Hall-Edwards toma una radiografía con propósitos médicos –un paciente con una aguja clavada en la mano– en Birmingham, Inglaterra.

1896 En New Hampshire, EE.UU., Gilman Frost toma radiografías de huesos rotos.

1912 Max von Laue, con Paul Knipping y Walter Friedrich, utiliza los rayos X para el estudio de cristales en Zúrich, Suiza.

1914 Marie Curie utiliza vehículos con equipos de rayos X en la Primera Guerra Mundial.

DE COLORADO SPRINGS

30.000 $

Primer (y único) pago de un total de 100.000 $ que promete John Jacob Astor IV para financiar el laboratorio de Colorado Springs.

50 MV

Supuesto voltaje del transmisor amplificador (millones de voltios).

FUENTE DE ENERGÍA

Línea de tranvías de Colorado Springs.

18 m

Distancia desde el transmisor a la que Tesla encendía bombillas.

«¿SEÑALES A MARTE? TENGO UN APARATO PARA CONSEGUIRLO SIN LUGAR A DUDAS.»

NIKOLA TESLA, *Times-Herald*, 1899

ALCANCE MÁXIMO: 1,6 km*

MÁSTIL: 43 m

2.900 km: DISTANCIA DE LA CIUDAD DE NUEVA YORK

***Distancia a la que Tesla declaró haber transmitido energía, aunque solo él sería testigo de ello.**

A WARDENCLYFFE

Tesla dedicó una gran parte de su vida a un proyecto diseñado para enviar energía a cualquier parte de la Tierra, con un sistema que también prometía comunicaciones casi instantáneas. La telegrafía inalámbrica era el nuevo reto y se experimentaba con la radio. Pero Tesla opinaba que la radio era un sistema demasiado débil y lento. Se proponía emplear ondas eléctricas, en sincronía con la frecuencia de resonancia de la Tierra, y completar el circuito a través del aire. Científicamente no tenía mucho sentido, pero Tesla montó estaciones experimentales en Colorado Springs y en Wardenclyffe (Long Island), donde se invirtieron miles de dólares en equipos que él insistió en que funcionarían.

FONDOS

150.000 $ de J. P. Morgan por el 51 % de los derechos de patente de Wardenclyffe (Tesla pidió un pago preliminar extra de 25.000 $ que se le negó); 33.000 $ como inversión personal de Tesla; 10.000 $ obtenidos con la hipoteca de Wardenclyffe.

200 kW

Energía eléctrica esperada del transmisor amplificador.

ALCANCE MÁXIMO: AUSTRALIA

105 km: DISTANCIA DE LA CIUDAD DE NUEVA YORK

TORRE DE TRANSMISIÓN: 57 m

ENERGÍA GRATUITA Y CONSPIRACIONES

Teorías conspiratorias convencidas de que hubo intereses que boicotearon los inventos de Tesla pueblan Internet. Hablan de dispositivos que permitirían el acceso a «energía gratuita» que habría inventado Tesla y que se supone que utilizan discos y una estructura de bobinas e imanes, y que producen más electricidad de la que consumen. Serían máquinas de movimiento perpetuo, inviables según las leyes de la física. Hay quien afirma que usan energía del punto cero, la cual existe pero no puede utilizarse al ser, por definición, el nivel más bajo de energía. Tesla nunca afirmó que producía energía gratuita, pero su nombre se asocia con ella: esto ejemplifica la mezcla de reivindicaciones prácticas e irreproducibles en Tesla. En lugar de ello, Tesla planeaba la distribución de energía sin cables, con la pretensión de vender receptores para la telegrafía inalámbrica y proporcionar la energía por un precio.

«NUNCA SE PERMITIRÁ QUE UN DISPOSITIVO DE ENERGÍA GRATUITA LLEGUE AL MERCADO.»

NIKOLA TESLA

CANTIDAD INVERTIDA PARA OBTENER «ENERGÍA GRATUITA»:

En 1901, J. P. Morgan invirtió

150.000 $

La inversión de Morgan equivale hoy en día a

4.370.000 $

en términos de artículos de consumo.

La inversión de Morgan equivale hoy en día a

19.800.000 $

en términos de mano de obra (no cualificada).

La inversión de Morgan equivale hoy en día a

34.500.000 $

en términos de mano de obra (trabajo de producción).

Tesla recaudó

33.000 $

con la venta de sus propiedades.

La inversión de Morgan equivale hoy en día a

en términos de PIB.

Tesla pidió

al banco.

Tesla debía

30.000 $

a Westinghouse en concepto de equipos.

5 COSAS QUE NO SABÍAS ACERCA DE TESLA

1 Edison intentó desacreditar el sistema de CA de Tesla y Westinghouse utilizándolo para electrocutar animales, desde un perro hasta un elefante, a pesar de la aseveración correcta de Tesla de que la corriente continua era mucho más peligrosa.

2 Tesla creció en el Imperio austríaco, donde se hablaban diversas lenguas. A lo largo de su vida aprendió ocho idiomas: serbocroata, inglés, checo, alemán, francés, húngaro, italiano y latín.

3 La primera gran demostración de Tesla fue el «huevo de Colón». Inspirado en la historia que cuenta que Colón se ganó el apoyo de la corte española prometiendo equilibrar un huevo sobre uno de sus extremos (aplastando el extremo con un leve golpe), Tesla se sirvió de un campo magnético rotatorio para hacer girar sobre su base un huevo chapado en cobre.

4 Tesla amasó una impresionante colección de patentes. El número exacto se desconoce, pero se le concedieron 308 en un total de 27 países.

5 El restaurante preferido de Tesla en Nueva York era Delmonico's, pero con la edad fue restringiendo su dieta y ya no pudo probar los platos estrella del restaurante, como la Langosta Newburg y el postre Baked Alaska.

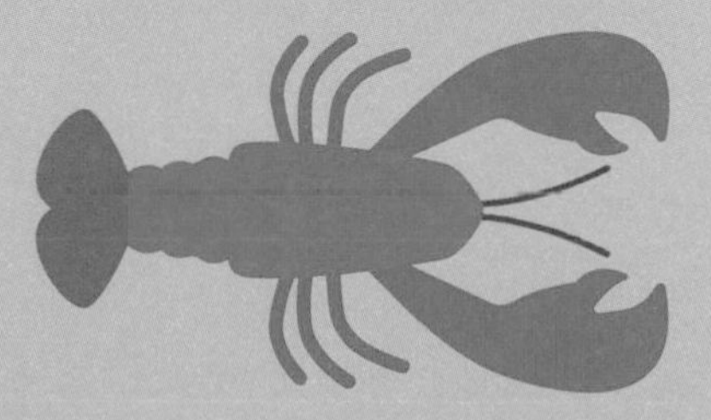

NIKOLA TESLA

03
OBRA

«LA INVENCIÓN ES EL PRODUCTO MÁS IMPORTANTE DE LA MENTE CREATIVA DEL HOMBRE. SU PRINCIPAL PROPÓSITO ES EL DOMINIO

COMPLETO DE LA MENTE SOBRE EL MUNDO MATERIAL, APROVECHAR LA NATURALEZA HUMANA PARA CUBRIR LAS NECESIDADES HUMANAS.»

NIKOLA TESLA, ***Electrical Experimenter*****, 1919**

EL MOTOR DE INDUCCIÓN

Los mayores logros de Tesla fueron sus motores de corriente alterna (CA). Los motores eléctricos de corriente continua (CC) de su época precisaban escobillas de difícil mantenimiento para llevar la corriente al rotor, las bobinas giratorias del interior del motor. Cuando estaba en Budapest, Tesla se dio cuenta de que si conseguía crear un campo magnético rotatorio, induciría corrientes al rotor sin necesidad de conexión alguna. Primero ideó un motor multifásico, donde el campo giratorio se creaba con diversas corrientes CA desfasadas. Pero el suministro de CA solía ser de fase simple, con solo dos cables. Para solucionarlo, desarrolló un sistema para dividir la fase de la corriente y producir el mismo efecto internamente.

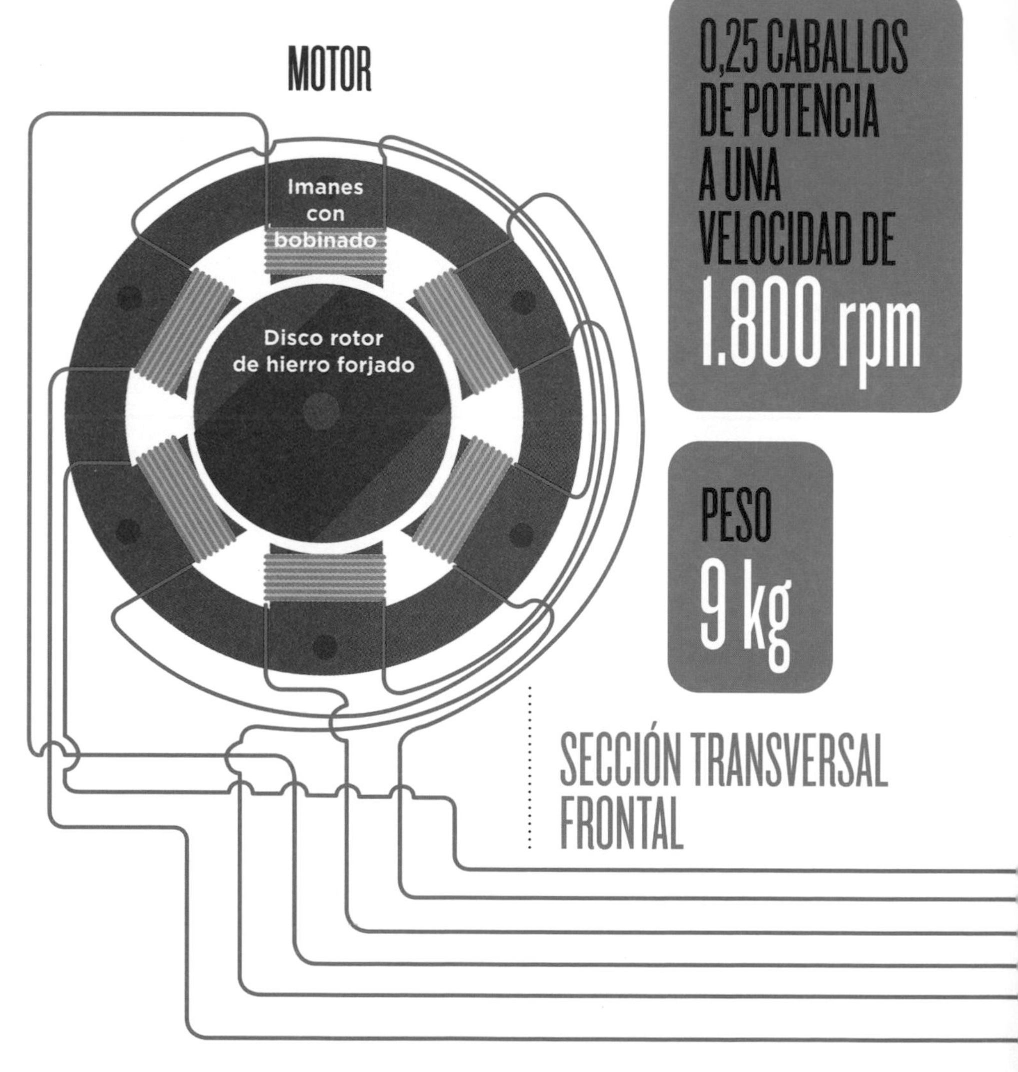

TESLA SOLICITÓ 19 PATENTES DE MOTORES DE INDUCCIÓN

Año	Patente	Descripción
1888	0381968	Motor Electromagnético
	0381969	Motor Electromagnético
	0382279	Motor Electromagnético
1889	0405858	Motor Electromagnético
	0416191	Motor Electromagnético
	0416193	Motor Electromagnético
	0416194	Motor Eléctrico
	0416195	Motor Electromagnético
	0418248	Motor Electromagnético
1890	0424036	Motor Electromagnético
	0433700	Motor Electromagnético de CA
	0433701	Motor de CA
	0433703	Motor Electromagnético
1891	0445207	Motor Electromagnético
	0455067	Motor Electromagnético
	0459772	Motor Electromagnético
	0464666	Motor Electromagnético
1894	0524426	Motor Electromagnético
1896	0555190	Motor Alterno

PATENTE TESLA 0381968 (*abajo*)
Ilustración de diagrama de un motor y generador

GENERADOR

Generador envuelto con bobina

VISTA POSTERIOR

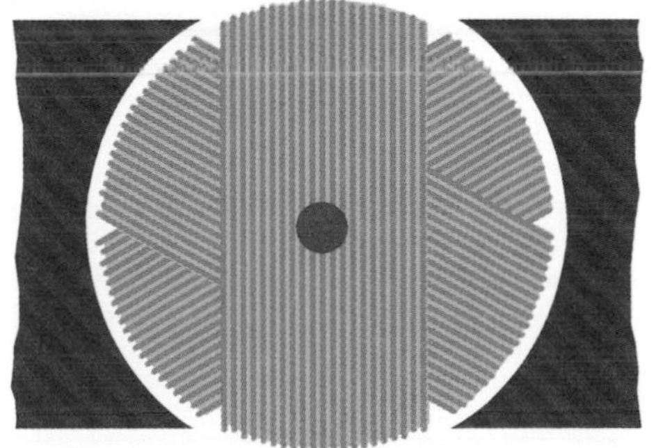

OBRA

¿CA O CC?

En los inicios de la electricidad, no estaba claro si el estándar acabaría siendo la corriente alterna (CA) o la corriente continua (CC). En los EE.UU., Edison se dedicaba a la CC, mientras que unos cuantos competidores, especialmente Westinghouse, apostaban por la CA. Pese a que Tesla empezó trabajando para Edison, siempre había estado convencido de las ventajas de dicha corriente y con su motor de CA se convirtió en el mago técnico de Westinghouse. La CA facilitaba el cambio de voltaje mediante un simple transformador, y los altos voltajes representaban menos pérdida de energía en la transmisión a larga distancia. Pero la CC resultaba atractiva al principio porque los motores de CC eran mucho más fáciles de diseñar.

Thomas Edison había construido 121 estaciones de CC en los EE.UU. en 1887.

En 1886, Ganz Works, una compañía eléctrica ubicada en Budapest, electrificó toda Roma con CA.

0 V

DIVERSOS USOS

PANELES SOLARES

PILAS

LED

MOTORES DE COCHE

ELECTRODOMÉSTICOS

SUMINISTRO DOMÉSTICO

CORRIENTE CONTINUA (CC)

CORRIENTE ALTERNA (CA)

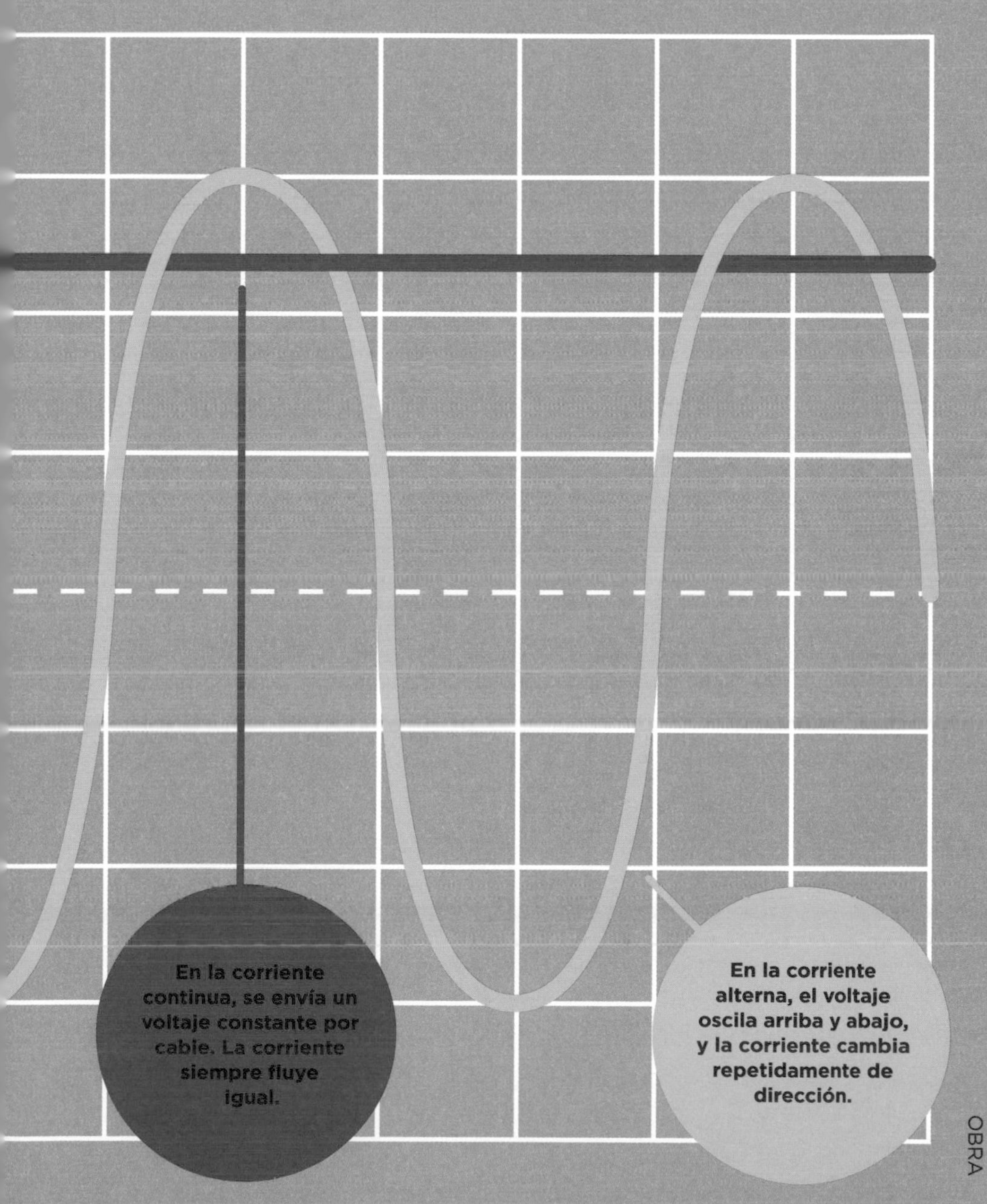

LA BOBINA DE TESLA

Tesla desarrolló la bobina como consecuencia de su trabajo con ondas de radio. Los primeros transmisores precisaban un conjunto muy rápido de pulsaciones eléctricas para producir una chispa y generar ondas de radio, pero los dispositivos empleados para ello eran bastante rudimentarios. La bobina de Tesla era un diseño futurista que producía electricidad de CA de alto voltaje y alta frecuencia, y se usó para generar dichas pulsaciones eléctricas hasta la década de 1920. Pero Tesla decidió que la radio no era un método efectivo para la comunicación a larga distancia, su principal objetivo. Por tanto, utilizó sus bobinas para otras aplicaciones, como experimentar con rayos X y encender bombillas sin cables. En la actualidad, la bobina de Tesla presenta poca utilidad. aparte de ser un método compacto para producir bonitos espectáculos de chispas eléctricas.

CÓMO FUNCIONA

La bobina de Tesla consiste en dos partes: una bobina principal y una bobina secundaria, conectadas por un explosor -un espacio entre dos electrodos-. Se pasa una corriente por la bobina primaria vía un transformador de alta tensión que aumenta el voltaje. Así se carga el condensador de alto voltaje. Cuando la carga alcanza cierto potencial, se activa el explosor y se transfiere la energía de la bobina primaria a la secundaria. Entonces se almacena en el toroide para ser liberada. Tesla añadió una salida de alta frecuencia para un alternador de CA. Así modificó el circuito para añadir una carga resonante al voltaje, y el resultado fue la producción de alto voltaje y alta frecuencia.

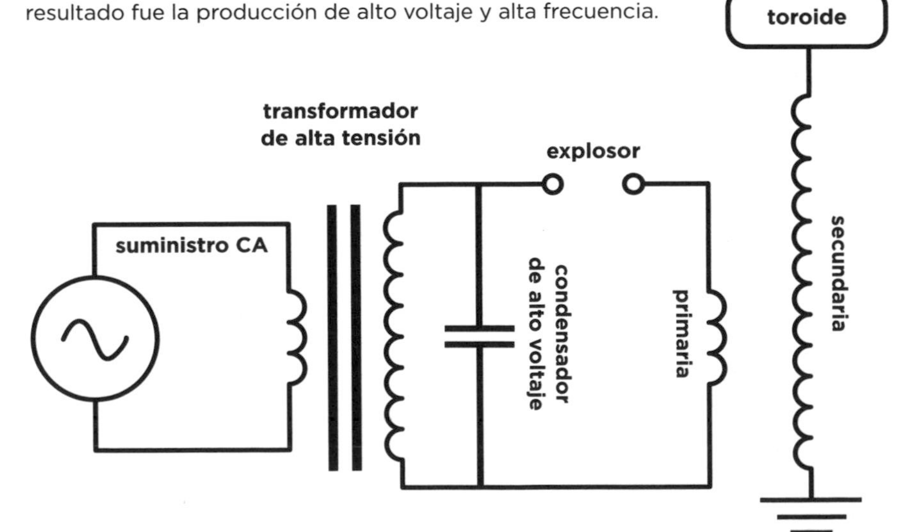

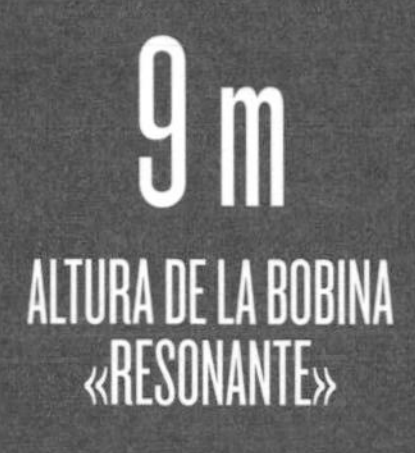

TRANSMISOR MAGNIFICADOR

En 1899, en su laboratorio de Colorado Springs, Tesla montó una versión modificada y ampliada de una bobina de Tesla. Con un diámetro de más de 15 metros, la denominó «transmisor amplificador» y con él pretendía transmitir electricidad sin cables a un receptor situado a distancia. Algo distinta a la bobina clásica de Tesla de dos bobinas, esta incluía una tercera bobina «resonante» (*mostrada arriba*) acoplada sobre la secundaria.

ALUMBRADO SIN CABLES

Cuando Tesla experimentaba con su recién inventada bobina, observó que en algunas circunstancias se encendían los tubos de Geissler cercanos. Se trataba de unos tubos luminosos diseñados por el físico alemán Heinrich Geissler en 1857. El tubo sellado, precursor de la lámpara de neón, disponía de un electrodo en cada extremo y estaba lleno de gas a baja presión. Cuando se acercaba un alto voltaje a los electrodos, el tubo brillaba al volver a su lugar los electrones de los átomos de gas de la corriente y producir fotones. Convencido de que esto iba a revolucionar la iluminación, Tesla desarrollaría efectos cada vez más espectaculares con luz inalámbrica.

NEÓN

XENÓN

COLORES PRODUCT

VAPOR DE MERCURIO

OXÍGENO

VAPOR DE AGUA

HELIO

DIFERENTES GASES

CRIPTÓN

HIDRÓGENO

EL OSCILADOR

Dada la impresionante gama de inventos eléctricos de Tesla, podría sorprender que uno incluyera un motor de vapor (cierto es que como parte de un nuevo generador). Los generadores de CA eran normalmente (y siguen siendo) una especie de motor invertido, donde gira una bobina dentro de un campo magnético. Esto funcionaba para los usos normales de la energía eléctrica, pero los delicados equipos de Tesla se veían afectados porque el motor de vapor que alimentaba el generador no funcionaba a una velocidad constante, de modo que la frecuencia de la CA variaba. Para solucionarlo, diseñó el «oscilador», un motor alternativo que producía una salida estable de alta frecuencia.

ALTURA 18 cm

PESO
454-907 g

PRESIÓN
400 psi

Tª DEL VAPOR 200 °C

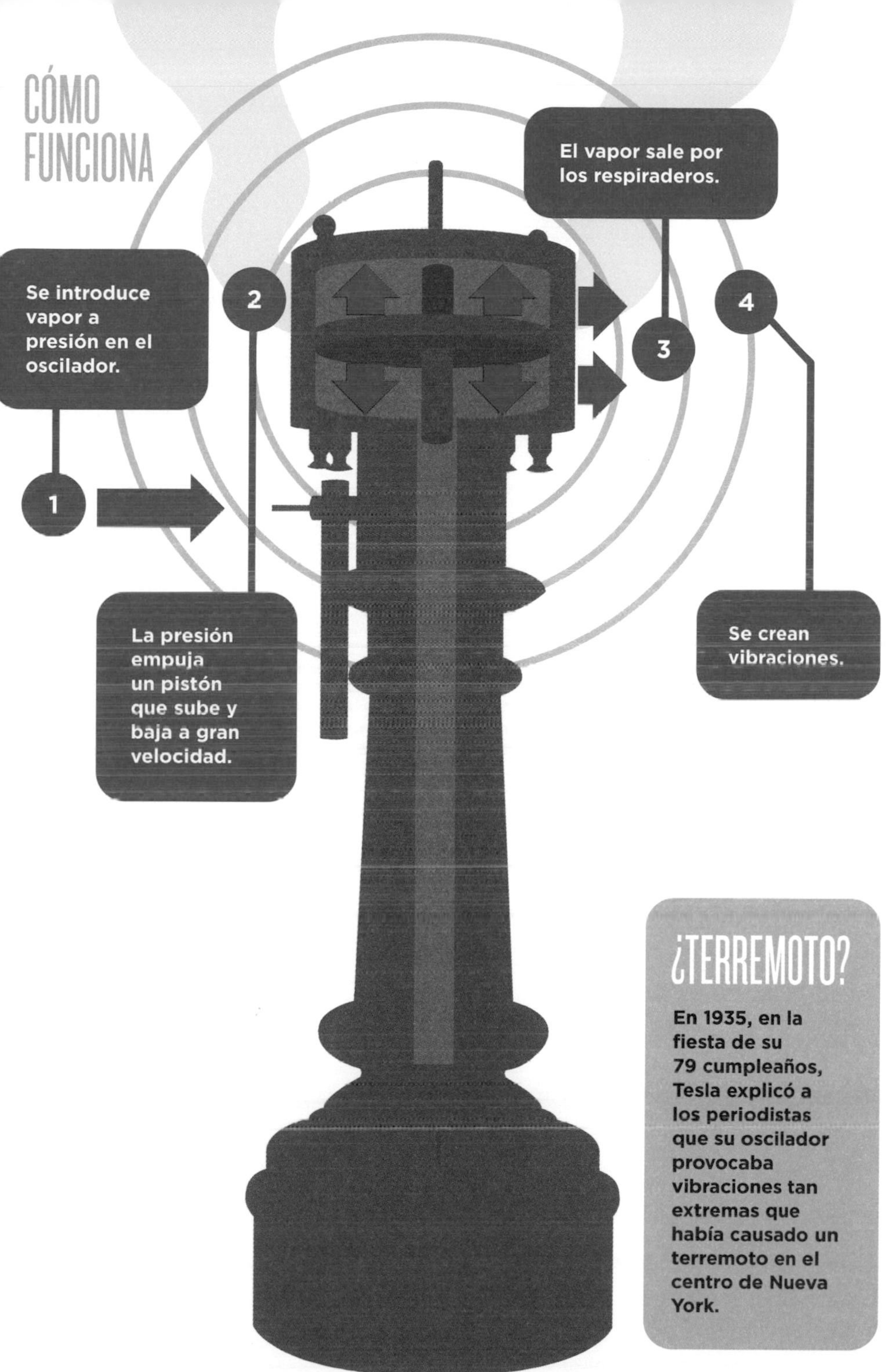

¿TERREMOTO?

En 1935, en la fiesta de su 79 cumpleaños, Tesla explicó a los periodistas que su oscilador provocaba vibraciones tan extremas que había causado un terremoto en el centro de Nueva York.

ENERGÍA DEL NIÁGARA

En 1892, Westinghouse decidió licitar para optar al contrato para proporcionar equipos eléctricos con el fin de aprovechar la energía que las cataratas del Niágara eran capaces de generar. Dada su experiencia con frenos de locomoción, Westinghouse sugirió de entrada transmitir la energía mediante aire comprimido. Pero la empresa Cataract Construction Company se decantó por la electricidad. Westinghouse licitó con el sistema polifásico de Tesla, combinado con la tecnología que la empresa había desarrollado para convertir la CA multifásica en CA o CC de una sola fase después de la transmisión. Tesla, que afirmaba haber soñado con aprovechar la energía del Niágara de pequeño, se ofreció como asesor a Dean Adams, responsable del proyecto. Curiosamente, Tesla recomendó CA bifásica, en lugar de trifásica, la cual solía preferir. Westinghouse ganó el contrato.

CAUDAL

6 **mill. de pies cuadrados por minuto (170.000 metros cúbicos por minuto).**

CAÍDA MÁS ALTA: 51 m

ISLA LUNA

CATARATAS AMERICANAS

CATARATA VELO DE NOVIA

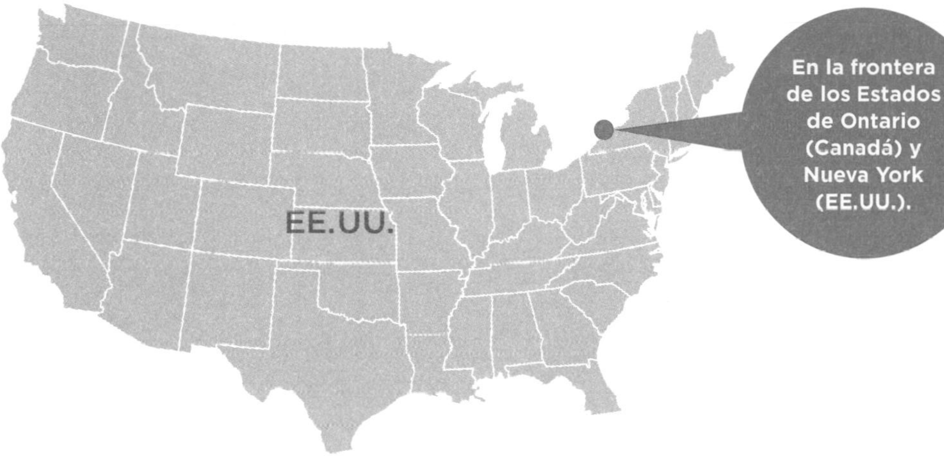

EE.UU.

En la frontera de los Estados de Ontario (Canadá) y Nueva York (EE.UU.).

ISLA GOAT

37 MW
producción de las 10 turbinas originales

4,4 GW
producción de las estaciones eléctricas actuales

CATARATAS HORSESHOE

Tanto Tesla como Edison procedían de hogares humildes, pero Edison disfrutó de menos oportunidades y poseía menos refinamiento cultural que Tesla. La mayor diferencia entre ellos radicaba en su educación. Aunque Tesla no llegara a graduarse, había estudiado física e ingeniería eléctrica a nivel universitario. El enfoque de Edison consistía en apoyarse en la experiencia técnica de otros y probar tantas variantes como fuera posible en busca del éxito. Tesla más bien basaba su trabajo en la teoría, lo cual funcionó bien en su investigación de la CA, pero luego resultaría problemático porque sus ideas divergían del consenso científico.

NIKOLA TESLA

86

NIKOLA TESLA (1856-1943)

FAMILIA

Nunca se casó ni tuvo hijos, que se sepa.

INVENTOS MÁS CONOCIDOS

MOTOR CA

BOBINA DE TESLA

CITAS

Predicciones de las maravillas tecnológicas del futuro, desde robots a teléfonos móviles.

ORIGEN

Smiljan, Imperio austríaco (actual Croacia).

THOMAS EDISON

84

THOMAS EDISON (1847-1931)

HIJOS

Una hija y dos hijos de cada matrimonio.

MATRIMONIOS

Mary Stilwell, de 1871 a 1884 (fallecida), y Mina Miller, desde 1886 hasta su muerte.

CITAS

Frases mordaces a menudo sobre la perseverancia y el esfuerzo.

INVENTOS MÁS CONOCIDOS

ORIGEN

Milan, Ohio, EE.UU.

ADELANTADO A SU ÉPOCA

Para su frustración, Tesla iniciaba proyectos que resultaban avanzados para su tiempo y que abandonaría para centrarse en el callejón sin salida de la transmisión de energía sin cables. Fue el caso de la «teleautomática», nombre que dio a los dispositivos de control remoto. Su bote accionado por radiocontrol, una innovación de 1898, presentaba un motor eléctrico, timón, iluminación y una carga explosiva dirigidos mediante un radiotransmisor. El mecanismo de radio no era original, pero sí el precursor acuático del dron de Tesla.

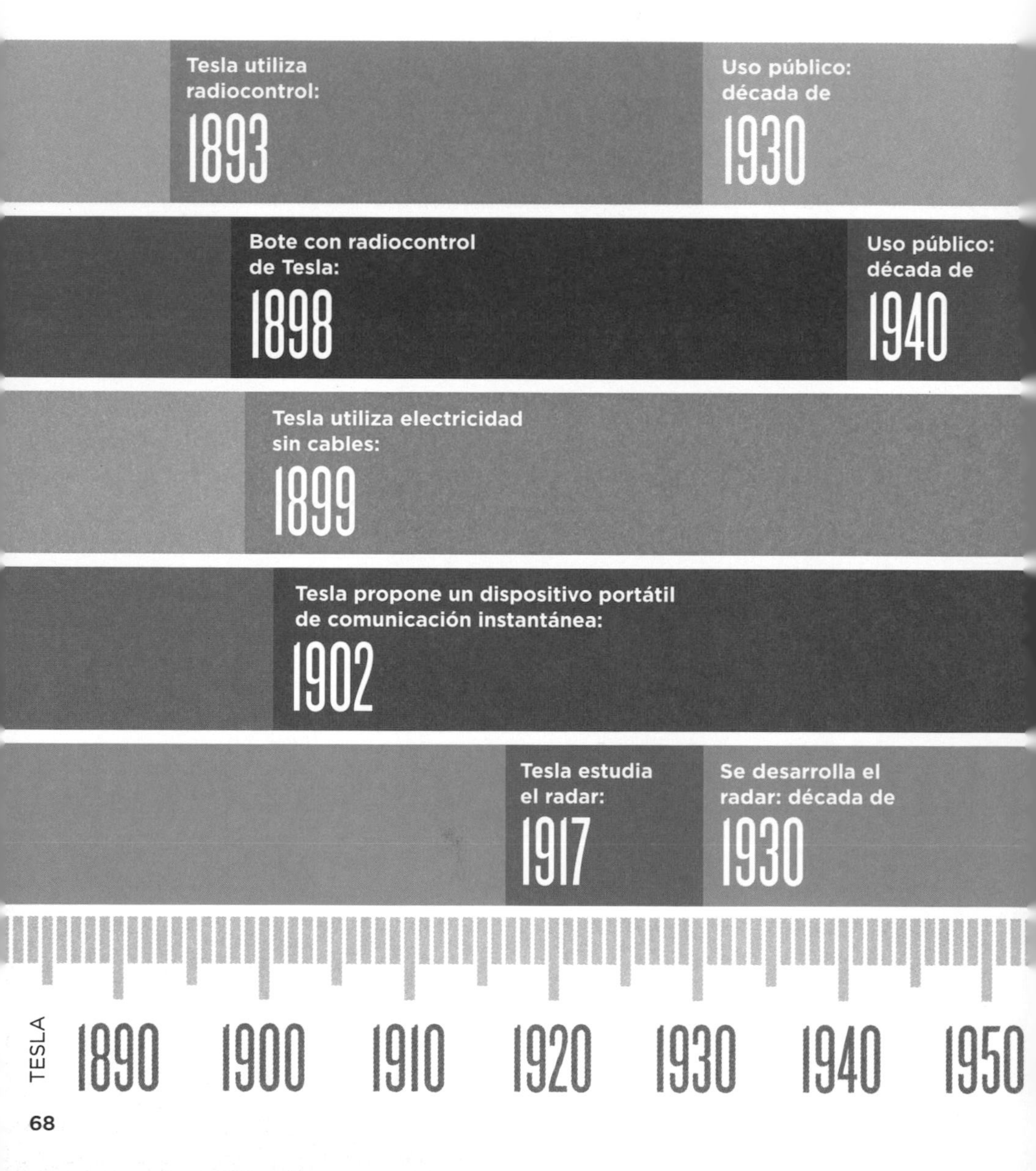

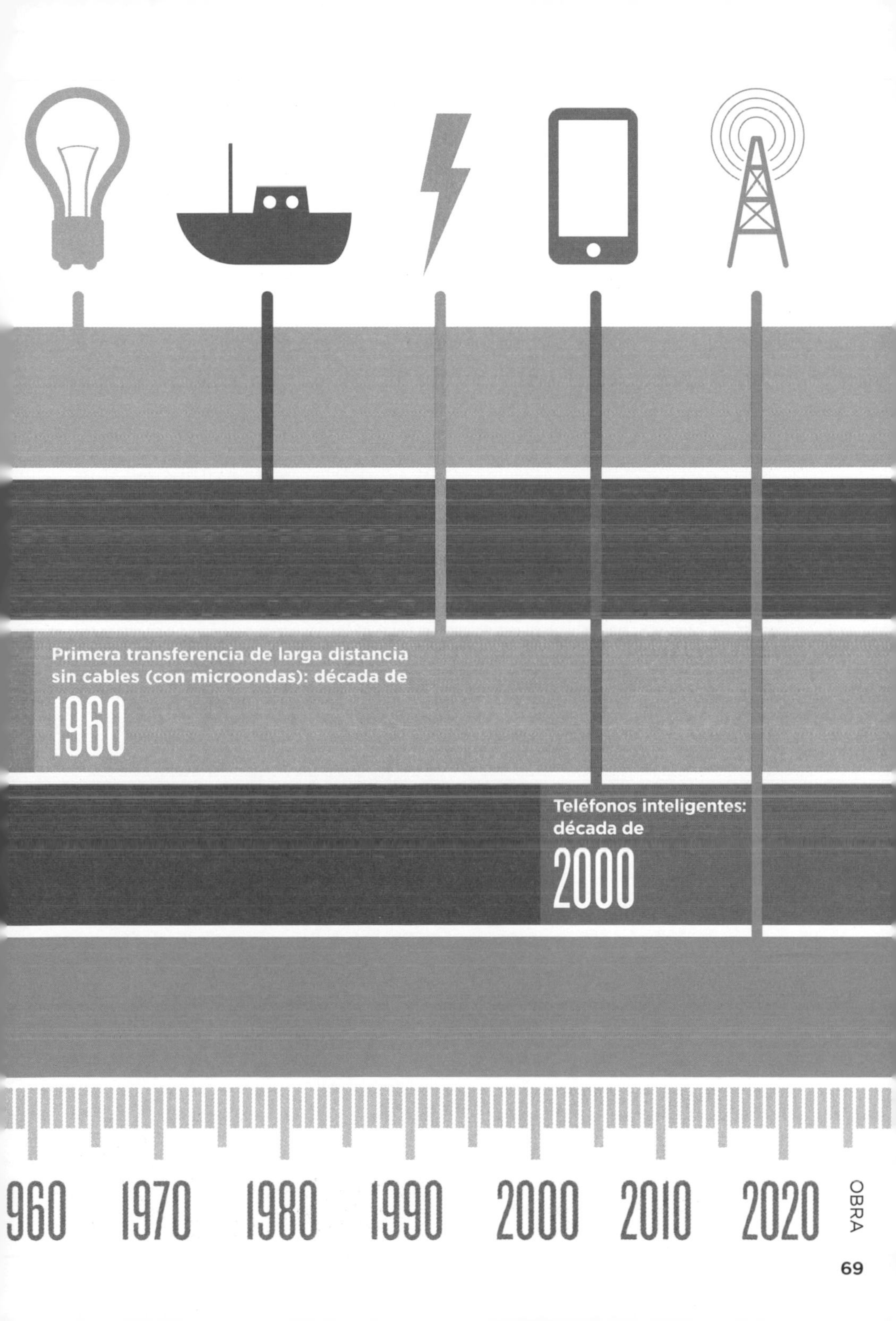
Primera transferencia de larga distancia sin cables (con microondas): década de
1960
Teléfonos inteligentes: década de
2000
960
1970
1980
1990
2000
2010
2020

EL RAYO MORTAL

Es bien sabido que Tesla dejó un «rayo mortal» en una caja, como garantía y pago de su factura hotelera, que resultaría no ser más que un componente eléctrico común. Pero sí puso considerable empeño en el desarrollo de un arma eléctrica. No se trataba de un dispositivo de ondas eléctricas sino que pretendía utilizar la electricidad para propulsar un chorro de partículas a alta velocidad desde una fuente como un generador Van der Graaf. Como muchos de sus últimos inventos, el arma nunca se construyó –ni es seguro que hubiera proporcionado a las partículas suficiente impulso ni que estas hubieran podido ser enviadas en forma de chorro–, pero sí proyectó planos detallados.

25.000 $ Fondos que Tesla pidió a J. P. Morgan para hacer un prototipo (no concedidos)

25.000 $ Importe que Tesla pidió a la URSS por los planos (no pagado)

30 mill. $ Precio del sistema (cuando funcionara) ofrecido al gobierno británico (rechazado)

Aire comprimido desecado

Gran vacío

Conexión con recipiente herméticamente sellado

Supuesta velocidad de las partículas: **MACH 48**

Derribaría una escuadrilla de unos

10.000 AVIONES ENEMIGOS

= 100 AVIONES

ALCANCE: 400 km

50 MILL. VOLTIOS

Presión dinámica interna

Presión estática externa

La velocidad del sonido es Mach 1

CÓMO FUNCIONA

El dispositivo propuesto por Nikola Tesla utilizaba electricidad de alto voltaje a fin de acelerar un inyector de partículas cargadas.

¿VERDADERO O FALSO?

INVENTÓ LOS RAYOS X ANTES QUE RÖNTGEN

Es cierto que obtuvo imágenes de rayos X poco después, pero no hay pruebas de que lo hiciera antes.

RECIBIÓ UNA SEÑAL DE MARTE

Afirmaba haber recibido una breve señal repetitiva. Es poco probable que procediera de Marte.

INVENTÓ UNA TURBINA SIN ASPAS

CONSTRUYÓ EL PRIMER BOTE CON RADIOCONTROL

Verdadero. Denominó el sistema teleautomática.

Tesla fue responsable de muchos inventos destacables, si bien cuesta creer que algunas de sus reivindicaciones –a menudo sin confirmar– fueran ciertas. Ya en la universidad, Tesla demostró poseer una poderosa imaginación, libre de los aspectos prácticos y las leyes de la física. Soñaba, por ejemplo, con un sistema hidráulico para enviar correo a través de tuberías submarinas entre continentes y con un mecanismo de transporte de gran velocidad que implicaba construir un anillo alrededor del ecuador terrestre, suspendido para poder detenerlo mientras la Tierra rodaba por debajo. Aunque nunca afirmó haber construido nada de lo anterior, su trabajo abarcaba desde inventos extraordinarios, pasando por teorías a medio demostrar, hasta creencias falsas.

AFIRMABA QUE SE TARDARÍAN SEIS MESES EN CONSTRUIR LOS EQUIPOS PARA TRANSMITIR UNA SEÑAL INALÁMBRICA A TRAVÉS DEL ATLÁNTICO

Y QUE POSIBILITARÍA LA TELEGRAFÍA INALÁMBRICA GLOBAL

Nunca lo logró.

AFIRMABA HABER TRANSMITIDO ENERGÍA SIN CABLES A DECENAS DE KILÓMETROS

No se demostró. No permitió que nadie fuera testigo de ello (ni siquiera sus ayudantes).

PRODUJO ONDAS PARA SU USO EN LA TRANSMISIÓN DE ENERGÍA QUE VIAJABAN MÁS RÁPIDO QUE LA LUZ

DISEÑÓ UN ARMA PARA DISPARAR UN HAZ DE PARTÍCULAS

Verdadero, pero es dudoso que hubiera funcionado.

INVENTÓ UN NUEVO VELOCÍMETRO PARA COCHES

20 30
10 40
0 50

INVENTÓ UN MOTOR QUE FUNCIONABA CON RAYOS CÓSMICOS

✓ Verdadero

✗ Afirmación falsa

✗ Lo intentó, pero no lo logró

? No está claro

5 COSAS QUE NO SABÍAS SOBRE LA OBRA DE TESLA

1 Confundiendo causa y efecto, Tesla observó que después de un rayo se producía lluvia y esperaba en el futuro llegar a controlar el tiempo mediante la electricidad.

2 Una de las reivindicaciones más chocantes de Tesla fue que disponía de una versión de bolsillo del oscilador mecánico que podría establecer una vibración por simpatía tan fuerte que haría caer el Empire State. Nunca se demostró.

3 Al principio de experimentar con rayos X, Tesla pensó que eran beneficiosos, hasta que él y sus ayudantes sufrieron quemaduras y empezaron a experimentar cefaleas.

4 En los años treinta, fabricó un oscilador mecánico conectado a una plataforma. Él y sus ayudantes experimentaban una sensación agradable al subirse a la plataforma, pero luego tenían que ir corriendo al baño. Tesla creyó que el aparato aceleraba el paso de los alimentos por los intestinos y que ayudaría a las personas con afecciones digestivas.

5 El último invento operativo de Tesla fue una turbina sin aspas que hacía girar unos discos por arrastre al mover el rotor mediante un motor de CA. Funcionaba, pero no alcanzaba la eficiencia de las turbinas existentes. Su diseño se ha usado a la inversa como bomba.

NIKOLA TESLA

04
LEGADO

«EL TRABAJO DE EINSTEIN SOBRE LA RELATIVIDAD ES UN MAGNÍFICO TRAJE MATEMÁTICO QUE FASCINA, DESLUMBRA Y CIEGA ANTE SUS ERRORES SUBYACENTES. LA TEORÍA ES COMO UN MENDIGO VESTIDO DE COLOR PÚRPURA AL QUE LOS IGNORANTES TOMAN POR UN REY... SUS EXPONENTES SON HOMBRES BRILLANTES, PERO SON METAFÍSICOS MÁS QUE CIENTÍFICOS.»

NIKOLA TESLA, *The New York Times*, 1935

RECONOCIMIENTOS

Tesla recibió muchos galardones, aunque no obtuvo el Premio Nobel, pese al anuncio erróneo de *The New York Times* en 1915 de que iba a compartir el premio de física con Edison. En 1931, el periodista Kenneth Swezey organizó una fiesta para celebrar el 75 cumpleaños de Tesla. Fue el primero de una serie de actos anuales en que se daba ocasión a Tesla para anunciar sus últimas ideas. Tesla se definía cada vez más como una mente privilegiada, equivalente a Einstein. Con los años, sus ideas revestirían un halo mítico y algunos de sus seguidores estaban convencidos de que toda sugerencia apuntada era un invento probado, ocultado por los opositores de Tesla. A medida que su leyenda crecía, también lo hacía su colección de trofeos.

1894

Medalla Elliott Cresson del Franklin Institute, Filadelfia, EE.UU.

1931

Tesla aparece en la portada de la revista *Time*.

1934

Medalla John Scott Legacy, de la ciudad de Filadelfia, EE.UU.

1936

Orden del Águila Blanca, I Clase, del Gobierno de Yugoslavia.

1895

Orden del Príncipe Danilo I, de la casa real de Montenegro.

1916

Medalla Edison del American Institute of Electrical Engineers.

1926

Orden de San Sava, I Clase, del Gobierno de Yugoslavia.

1937

Orden del León Blanco, I Clase, del Gobierno de Checoslovaquia.

1937

Título de Doctor Honoris Causa de la Universidad de París, Francia.

1939

Doctor Honorario de la Universidad de Sofía, Bulgaria.

UNIVERSITÉ DE PARIS

Nikola Tesla

UNIVERSITY OF SOFIA

TESLA POR DOQUIER

Nikola Tesla ha resultado ser un tema atractivo como estatua, incluso para un entorno tan abandonado como el lugar de Long Island donde llevó a cabo su proyecto Wardenclyffe. Hay dos estatuas suyas en las cataratas del Niágara (donde fue solo un asesor). Existen bustos o estatuas de Tesla en algunos sitios donde nunca trabajó, como las universidades de Yale y Columbia, Baku, Palo Alto y Zagreb, donde se le representa como un pensador estudiando su rodilla izquierda. También hay un busto suyo en el templo de San Sava de Nueva York, donde se celebró un servicio en su memoria, y no donde tuvo lugar el funeral, en la neoyorquina catedral de San Juan el Divino.

ESTATUAS Y BUSTOS

- Palo Alto, EE.UU.
- Victoria Park, cataratas del Niágara, Canadá
- Isla Goat, Niagara Falls State Park, Nueva York, EE.UU.
- Universidad Cornell, Nueva York, EE.UU.
- Universidad de Yale, Connecticut, EE.UU.
- Catedral de San Sava, Nueva York, EE.UU.
- Long Island, Nueva York, EE.UU.
- Praga, República Checa
- Viena, Austria
- Zagreb, Croacia
- Gospić, Croacia
- Belgrado, Serbia
- Aeropuerto Nikola Tesla, Belgrado, Serbia
- Baku, Azerbaiyán

EL MUSEO TESLA

La principal colección de material relacionado con Tesla se halla en el Museo Nikola Tesla de Belgrado, Serbia, en honor a sus orígenes serbios. El primer museo técnico de la entonces Yugoslavia era un edificio en el centro de Belgrado que había sido una magnífica villa, y desde 1952 alojaría la colección Tesla –que incluye numerosos documentos y artefactos originales–. Tras su muerte, los equipos y pertenencias de Tesla fueron recogidos por la Oficina Norteamericana para la Custodia de Propiedades Ajenas antes de ser enviados a Belgrado a petición del heredero de Tesla, su sobrino Sava Kosanović. Las 60 cajas y baúles formaron la base de la exposición del museo.

APERTURA
1955

RECONSTRUCCIÓN
2006

En 2016 se construyó una réplica a escala del transformador de 12 millones de voltios de Tesla en el cercano parque Kalemegdan.

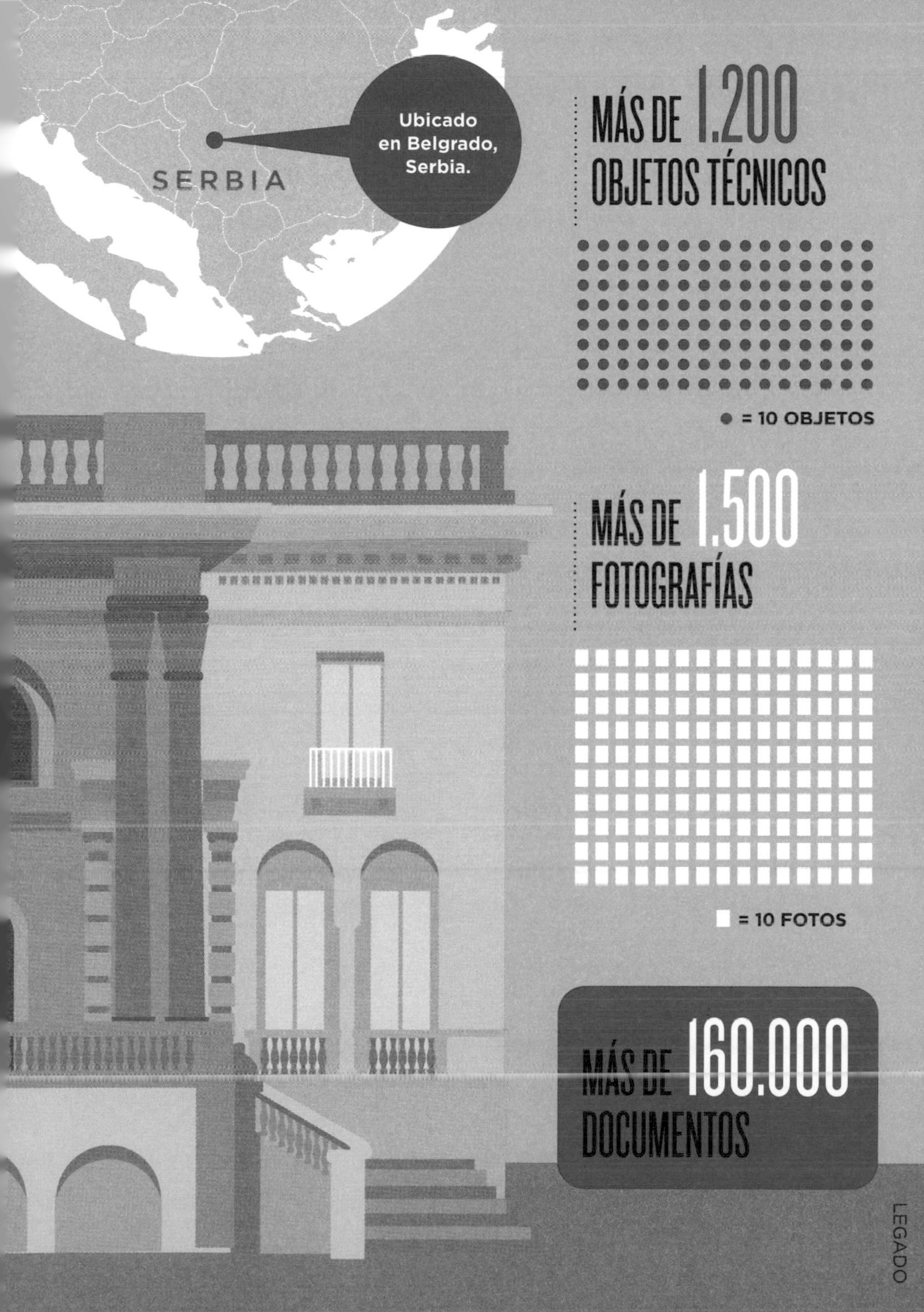
Ubicado en Belgrado, Serbia.
SERBIA
MÁS DE 1.200 OBJETOS TÉCNICOS
= 10 OBJETOS
MÁS DE 1.500 FOTOGRAFÍAS
= 10 FOTOS
MÁS DE 160.000 DOCUMENTOS

MONUMENTOS ELÉCTRICOS

Seguramente, el homenaje más significativo a la figura de Tesla, reflejo del impacto de su trabajo en la vida cotidiana, sean las torres de distribución eléctrica (o postes de transmisión) que salpican el paisaje y suelen conducir CA trifásica de alta tensión. Aunque Tesla no inventara la CA, fue el principal defensor de su uso para la generación de electricidad, y su motor de CA potenció su despliegue. Irónicamente, para la transmisión a larga distancia, ahora se prefiere la CC de alta tensión, dado que pierde menos energía al calor: gran parte de las uniones internacionales de suministro de energía, por ejemplo, son ahora de CC de alto voltaje.

88.000

TORRES EN G.B.

= 1.000 torres

TIPOS DE TORRES

FIR TREE (ABETO)

KEG (BARRIL)

PORTAL SENCILLA

PORTAL DOBLE

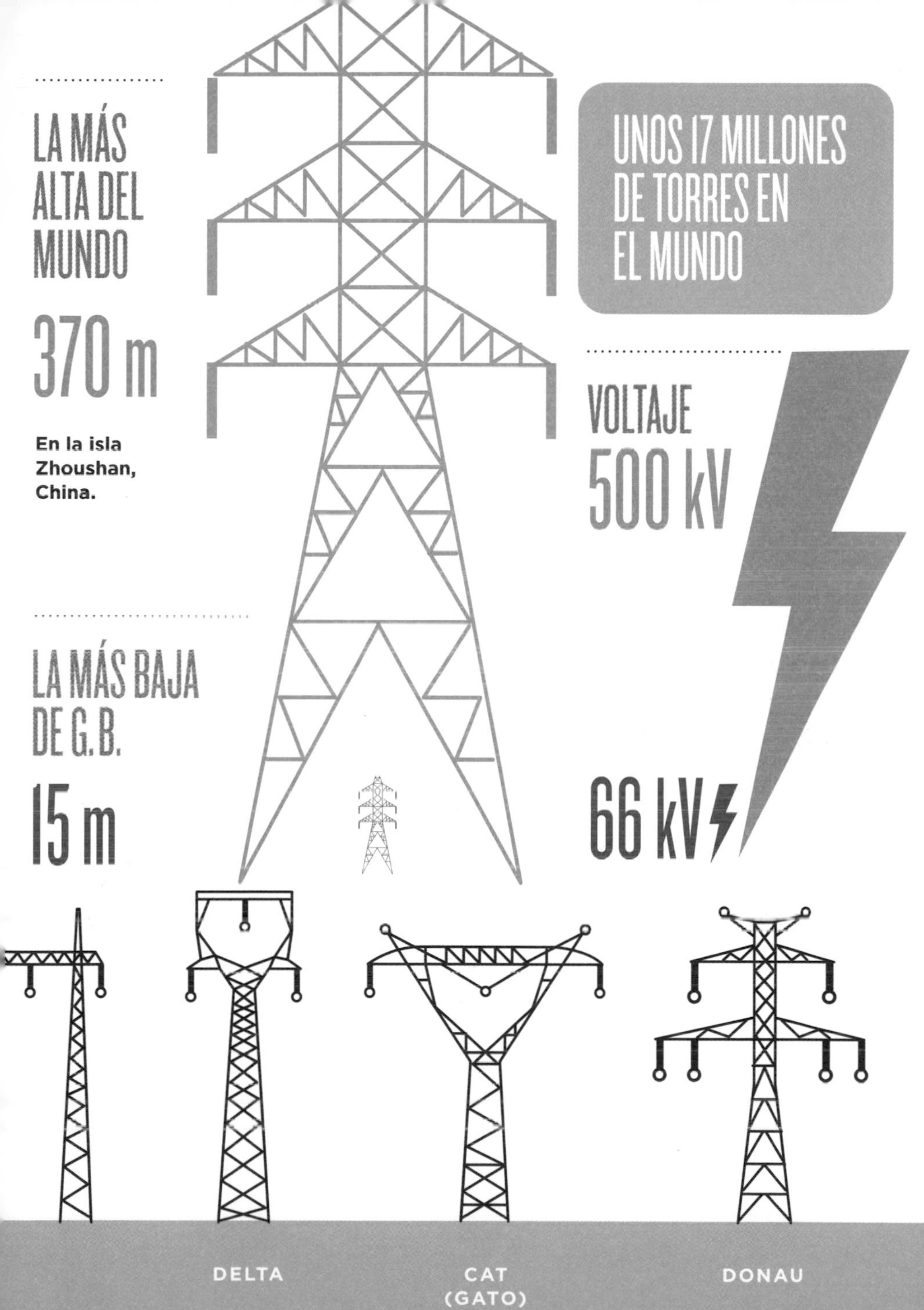
LA MÁS
ALTA DEL
MUNDO
370 m
En la isla Zhoushan, China.
UNOS 17 MILLONES
DE TORRES EN
EL MUNDO
VOLTAJE
500 kV
LA MÁS BAJA
DE G.B.
15 m
66 kV
DELTA
CAT
(GATO)
DONAU

10 COSAS LLAMADAS EN SU HONOR

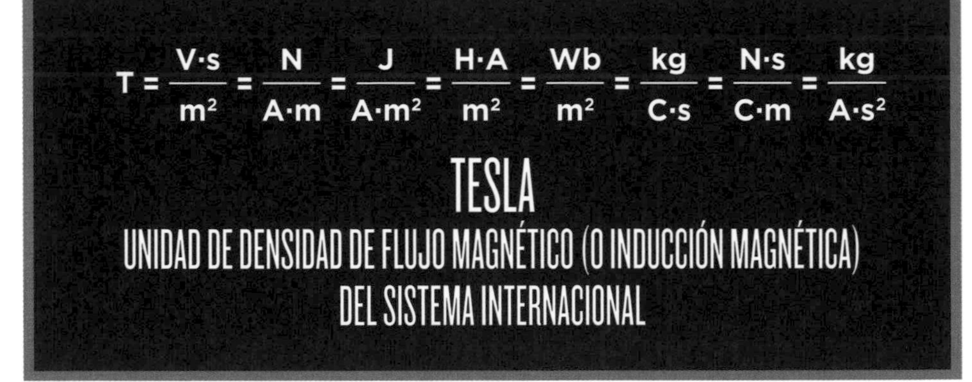

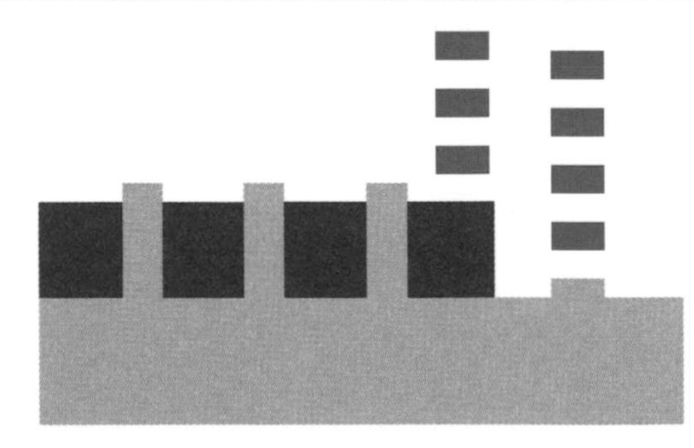

TPP NIKOLA TESLA

PLANTA DE ENERGÍA ELÉCTRICA EN SERBIA

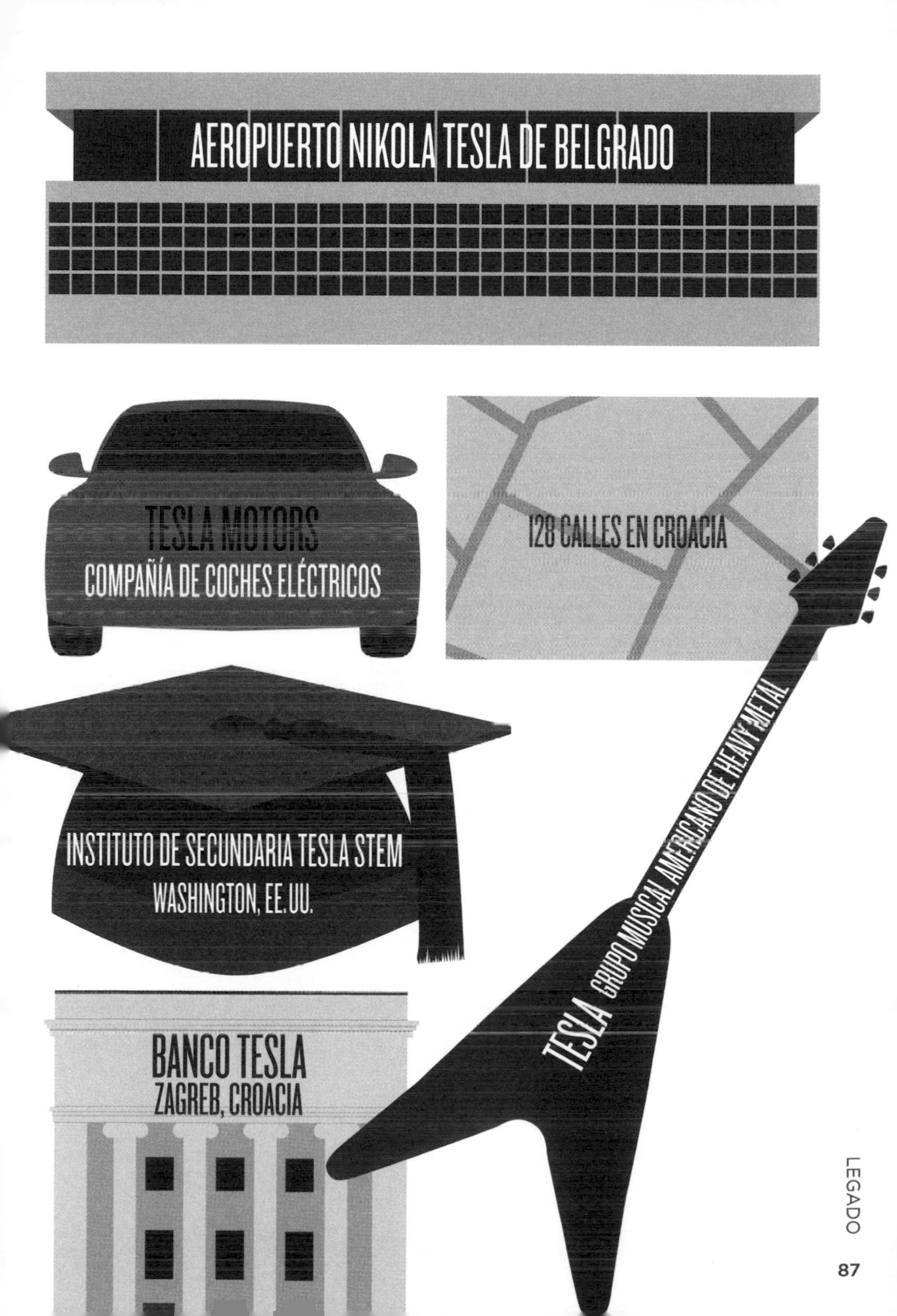
AEROPUERTO NIKOLA TESLA DE BELGRADO
TESLA MOTORS
COMPAÑÍA DE COCHES ELÉCTRICOS
128 CALLES EN CROACIA
INSTITUTO DE SECUNDARIA TESLA STEM
WASHINGTON, EE.UU.
TESLA GRUPO MUSICAL AMERICANO DE HEAVY METAL
BANCO TESLA
ZAGREB, CROACIA

TESLA TIPOGRÁFICO

ELECTRICIDAD
INVENTO
LABORATORIO
PATENTE
CATARATAS DEL NIÁGARA
CORRIENTE
RADIO
TESLA
WESTINGHOUSE
MONUMENTO
MOTOR
NUEVA YORK
TIME
MORGAN
CA
SIN CABLES
ELÉCTRICO
EDISON
TELEAUTOMÁTICA
COLORADO SPRINGS
TELEGRAFÍA
BELGRADO
WARDENCLYFFE
ONDAS

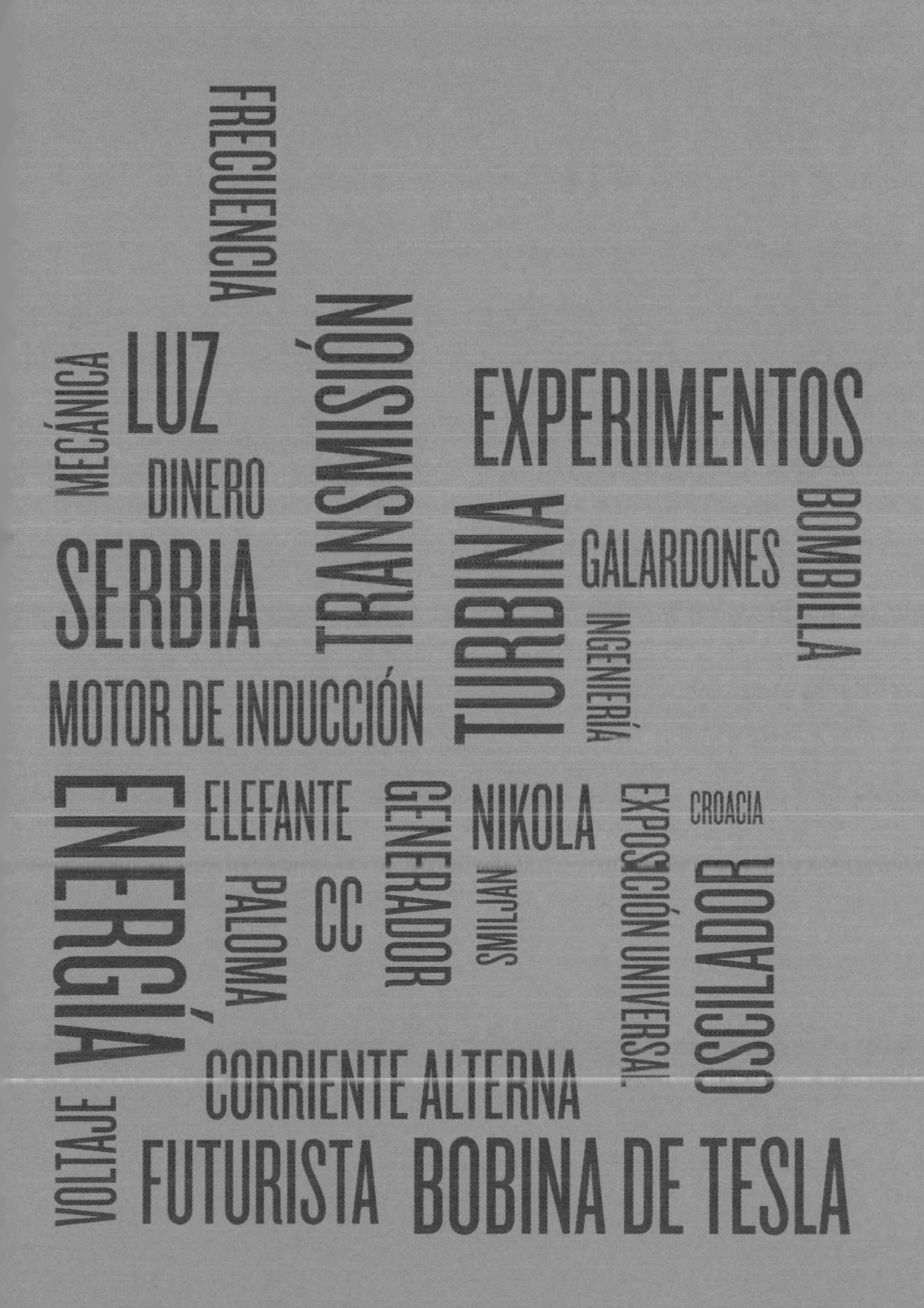
FRECUENCIA
MECÁNICA
LUZ
TRANSMISIÓN
EXPERIMENTOS
DINERO
SERBIA
TURBINA
GALARDONES
BOMBILLA
INGENIERÍA
MOTOR DE INDUCCIÓN
ENERGÍA
ELEFANTE
GENERADOR
NIKOLA
EXPOSICIÓN UNIVERSAL
CROACIA
PALOMA
CC
SMILJAN
OSCILADOR
CORRIENTE ALTERNA
VOLTAJE
FUTURISTA
BOBINA DE TESLA

TESLA EN EL SIGLO XXI

Si hubiera buscado «Tesla» en internet hace unos años, los resultados habrían arrojado principalmente sitios web sobre conspiraciones y ofertas para vender los planos de versiones modernas de la tecnología secreta de Tesla que el mundo nunca llegó a conocer. Sin embargo, ahora, entre los resultados de la búsqueda dominarían los de Tesla Inc., la compañía fabricante de coches eléctricos y de almacenamiento de energía de Elon Musk. La empresa fue bautizada claramente con el nombre de Nikola Tesla y, en cierto sentido, trabaja para hacer realidad el sueño de Tesla de conseguir transmitir energía eléctrica por todo el mundo, pero a través de la tecnología de baterías en lugar de la emisión inalámbrica.

La empresa fue fundada en 2003 por Martin Eberhard y Marc Tarpenning.

Elon Musk se unió a la compañía en 2004.

A Tesla le hubiera encantado que, pese a utilizar baterías de CC, los vehículos Tesla estén equipados con motores de CA.

1.260.000 m²

Superficie prevista de la Gigafactory 1.

GIGAFACTORY 1

Situada en Nevada, EE.UU., era el edificio más grande del mundo en el momento de su construcción.

El edificio está orientado norte-sur para facilitar a los equipos automatizados el uso de GPS para moverse por él.

Tamaño aproximado de un campo de fútbol en comparación.

100 MW

Energía generada por la batería más grande del mundo instalada en el sur de Australia, lanzada por Tesla en diciembre de 2017.

JUNIO 2017

El valor de Mercado de Tesla alcanza los 61 mil millones de dólares, superando a BMW. Desde marzo de 2018, Tesla aún no ha obtenido beneficios.

61 MIL MILLONES $

49 MIL MILLONES $

ABRIL 2017

El valor de mercado de Tesla, de 49 mil millones de dólares, supera el de Ford Motor Company.

0 $

Cantidad que Elon Musk ingresaba con Tesla en 2018.

2,28 SEGUNDOS

Tiempo que un Tesla modelo S tarda en pasar de 0 a 97 km/h en su versión más rápida (Ludicrous).

BIOGRAFÍAS

Milutin Tesla (1819-1879)
El padre de Tesla, un pastor ortodoxo serbio, esperaba que Nikola siguiera sus pasos en la Iglesia. Su relación se vio afectada tras la muerte del hermano de Tesla.

Thomas Commerford Martin (1856-1924)
Ingeniero eléctrico y editor de *Electrical World*. Autor de gran parte de la publicidad positiva de Tesla en sus inicios, pero que más tarde publicaría artículos peyorativos sobre su trabajo.

Anthony Szigeti
Tesla conoció a Szigeti en Budapest y se hicieron muy amigos. Szigeti viajaría con Tesla, primero a París y luego a Nueva York. Murió repentinamente en 1891.

John Pierpont Morgan (1837-1913)
Financiero y banquero de enorme influencia al cual Tesla persuadió para que invirtiera en la estación eléctrica de Wardenclyffe. Morgan retuvo fondos adicionales cuando nada práctico surgía del proyecto.

George Westinghouse (1846-1914)
Gracias a la empresa de Westinghouse, el motor de CA de Tesla pudo desarrollarse hasta funcionar y el inventor recibió suficiente dinero para trabajar por su cuenta.

Richmond Pearson Hobson (1870-1937)
Oficial naval y político con el que entabló amistad desde que fueron presentados por los Johnson. Aunque Hobson se casaría más adelante, siguieron siendo amigos.

Đuka Tesla
(1822-1892)
Tesla afirmó que se parecía a su madre, inventora de cosas y poseedora de una vívida memoria visual. La describió como «una mujer de inusuales habilidades y valentía».

Robert Underwood Johnson
(1853-1937)
Este escritor y su esposa eran lo más parecido a una familia que Tesla tenía en Nueva York. Tesla se refería a ellos como los Filipov, por un poema serbio.

Thomas Edison
(1847-1931)
A menudo se menciona como rival de Tesla, pero si Tesla no hubiera trabajado para la empresa de este inventor en París, es poco probable que se hubiera hecho famoso.

John Jacob Astor IV
(1864-1912)
Acaudalado empresario que invirtió en el sistema de iluminación de Tesla, aunque este utilizó el dinero para su incipiente investigación para la energía inalámbrica. Falleció en el hundimiento del *Titanic*.

Dane Tesla
(1848-1863)
El hermano mayor de Tesla murió en un accidente de equitación ante la mirada del joven Nikola, de siete años. Tesla culpaba de sus obsesiones el trauma que esto causó a la familia.

Katharine Johnson
(1855-1924)
La amistad de Tesla con la esposa de Robert Johnson era, si cabe, más íntima. Katharine intentó emparejar a Tesla con diversas mujeres, sin conseguirlo.

Familiar
Amistad
Empleador
Financiero

ÍNDICE

TESLA ERA TITULAR DE 308 PATENTES EN 27 PAÍSES